LOCOMOVE METHOD

動ける身体を一瞬で手に入れる本

——たった3つの動き《ロコムーブ・メソッド》で劇的に変わる——

パーソナルトレーナー
中嶋輝彦

青春出版社

はじめに

ちょっと考えてみてください。チーターなどの野生動物が、いきなり全速力で走って、肉離れやねんざを起こすでしょうか。

彼らは準備運動やストレッチなどしません。

人間だけが時間をかけて準備運動をしてもケガをしてしまうのは、関節や筋肉の動きに無理やムダがあるため、身体の理にかなった動きをしていないからです。

私たち人間が、自分の関節や筋肉をムダなく効率的に動かすことができれば、野生動物のように、疲れや故障知らずの「動ける身体」に変わるのではないか――。

このように、野生動物の動きや骨格にヒントを得て、本書で紹介する「ロコムーブ・メソッド」は生まれました。

人間もまた動物であり、本質は「動く」ということ、「重心移動（ロコモーション）」

にあります。

動ける身体、すなわち移動に適した身体になれば、おのずと動けば動くほど動きやすくなります。身体は軽くなり、疲れはたまりません。硬くなりがちな身体の中心部がほぐれて、こりや痛みは一掃されるでしょう。眠っている本来の身体機能が目覚めて、身体能力が飛躍的にアップするのです。


このメソッドをさまざまな競技で活躍するアスリートたちに指導すると、短期間で「走力タイム」が縮まるという成果にまず驚かれます。たった3つの動き（ロコムーブ・メソッドの中心となる3種目）を習得するだけで、前方への推進力（重心移動して前に進む力）が変わり、結果的に速く走れるようになるのです。

リハビリの現場では、高齢者の運動機能改善に役立っています。関節や筋肉に負担をかけない理にかなった動きを身につけることで、立つ・歩く・座るといった基本動作をラクにし、身体機能を回復させます。「一時は歩くこともできなかった慢性痛が、いつの間にか消えていた」という話もよく聞かれます。

また最近、金融マン、経営者、外資系エグゼクティブなど、「仕事に高いパフォーマンスを求められる人ほど身体を鍛えている」ということが知られていますが、このメソッドを実践している人たちもまた例外ではありません。

大手企業、自治体などで導入され、パソコン使用が必須のＩＴ業界では慢性的な悩みである肩こり・腰痛対策に効果を上げています。歩く機会が多い生保業界では、「外回りしても疲れなくなった」「姿勢矯正で客先に好印象を与えるようになり、営業成績が上がった」といった感想もいただきます。

おかげさまで２０１２年には『日経ビジネス』の「日本を救う次世代ベンチャー１００」にも選ばれました。

本書によって、一人でも多くの方が今よりも身体が動きやすくなり、身体能力やビジネス等のパフォーマンス向上に貢献できれば、これほどうれしいことはありません。

中嶋輝彦

目次

2章 実践! たった3つの動きで劇的に変わる
——「フェニックス」「カンガルー」「チーター」

3章 すべての身体能力アップのカギは、「広背筋」にあった ——骨格と姿勢はここから正せた！ 83

4章 究極の動きで、さらに身体機能を高める
――「ホースキック」

5章

動きにキレがでるトレーニング、鈍くなるトレーニング
――まず鍛えるべきは「屈筋」ではなく「伸筋」だった　121

6章 身体が変われば、心が変わる! 人生が変わる!
——快情動を呼び起こす身体動作のしくみ 139

カバー・本文写真　石田健一
本文デザイン・DTP　ハッシイ
編集協力　二村高史

序章

「動ける身体」を一瞬でつくる ロコムーブ・メソッドとは

運動の原点に立ち返る「ロコムーブ」

最近は、ジョギングや筋トレ、ストレッチやヨガなど、体を動かす習慣を持つ人が増えてきました。また同時に、「運動しなければ」という強迫観念に駆られていたお客様を多く見てきました。

しかし、本書の趣旨はここで「運動不足を解消しましょう」ということではありません。

たとえば食事では何をどのようなタイミングで食べるかということが健康づくりにはとても大切なように、必要な栄養素も食べ方によっては薬にも毒にもなります。決して暴飲暴食が健康に結びつかないことはわかるでしょう。

運動も同様に、せっかく健康づくり、メタボ解消のために運動をしていても、腰やひざを痛めてしまう事例が後を絶たないのは、運動の仕方、体の動かし方に無理があるためです。

現在はたくさんの健康本、運動の方法がメディアで紹介されています。多種多様な方法が存在しているときだからこそ、人間にとって運動とは何か？ 動物にとって「動く」とはどのような意味を持つのかを原点に戻って考えてみてほしいのです。

そもそも、私たち動物は、植物のように光合成をしながら自分でエネルギーをつくり出すことができません。つまり、動物は移動しながらほかの生命を食べることでしか生きていくことができない宿命を背負っているのです。

野生動物は食べるために獲物を追いかけ、自分の身を守るために天敵から逃げてきました。

暑さを避けるために木陰に移ったり、干ばつから逃れるために水のある場所に移動したりと、動物は生きるために自らの身体を移動させなければなりませんでした。

人間もまた約6万年前、アフリカの地から未知なる大陸へ自らの足で移動してきました。こうして動物は生きるため、食べるために自らの身体を移動させなければならなかったのです。

これから紹介するロコムーブとは、**人間が生きていく上で必要な運動の原点である「移動」に立ち返り、移動に適した身体、野生動物のように動ける身体をつくる**ことを目的として開発した動作メソッドとそのトレーニングをいいます。

「ロコムーブ」という言葉は、英語のロコモーション（locomotion）「移動」から採用した造語です。

本書では、このロコムーブというメソッドの基礎となる種目を、「カンガルー」「フェニックス」「チーター」の3つに集約しました。それぞれの名称は、動きをイメージしやすいように、動物の名前を用いています。

最近、

「少し動くとすぐ疲れるなぁ、重くなってきたなぁ」

「お腹が出てきたなぁ」

「腰や首がいつもだるい」

という自覚症状をお持ちの方にこそ、ぜひ実践してみてほしいのです。

ロコムーブの特長の一つは、すぐに効果を体感できるという点にあります。メカニズムを説明する前に、まずは自分の身体で体感してみてください。

これからお伝えする所定の動きをするだけで、歩きやすくなったり、肩や首のこりが軽減されたり、身体が柔軟になり疲れにくい身体をつくることができます。

まずは、その効果をすぐに体感していただけるよう、ロコムーブの簡易版として、ご自宅でもオフィスでもすぐにできるようにやさしくした動きを2つ用意しました。

今すぐ効果を試す①　プレ・カンガルー

これは、ロコムーブの一つである「カンガルー」を簡単にした動きです。

居間や書斎など、テーブルや机のある部屋ならどこでもできます。念のため、周囲のものを片付けて、場所をやや広くとってから行ってください。

実際の動作に入る前に、ちょっと前屈してみましょう。指先がどこまで地面に近づいたか覚えておいてください。

では、写真を参考にしながら、次の手順で「プレ・カンガルー」を行いましょう。

① 両脚を肩幅くらいに開き、両手をテーブルに置いて前かがみになります。テーブルから1メートル離れた位置に立ちます。

※両足が平行になるようにします。がに股にならないようにしてください。

② ひざが前後に動かないように、上半身をジワーッと低く倒しながら、お尻を後ろにグッと突き上げるように引きます。このとき、裏ももや内ももがビーンと伸びていることが体感できていればOKです。

※正面から見て、股関節〜ひざ〜足が地面に対して垂直になるようにすると更に効果的です。

③ 伸びた裏ももの筋肉によって腰を前方にポーンと移動し、手をついたほうに体重移動を行います。このとき、ふくらはぎがピーンと伸びている感覚があればOKです。

※かかとを浮かさないようにしましょう。

④　①〜③を5回×3セット行います。

前屈で手が地面につかなかった人は、最初は裏ももや内ももが伸びる感覚があるはずです。その感覚はいい反応です。身体が硬い方にとっては、はじめは少し難しいかもしれませんが、回数を重ねるごとにできるようになっていくでしょう。

さて、5回×3セットが終わったら、もう一度前屈をしてみてください。始める前と比べて、かなり柔らかくなったのではないでしょうか？

そのまま周囲を歩いてみましょう。普段よりも軽やかに歩ける感じがしませんか？

たったこれだけの動きでも身体のバランスは大きく変化します。時間に余裕のある方は4セット、5セットまでやってみてください。さらに身体の柔軟性や動きやすさを実感できるでしょう。

プレ・カンガルー

その場で
歩きやすさを
体感！

●この動きが連動してココに効く！

主に、骨盤（仙腸《せんちょう》関節）、股関節の可動域を広げ、日常生活で硬くなりがちな裏もも（ハムストリングス）、内もも、ふくらはぎなどの筋肉を伸ばす。

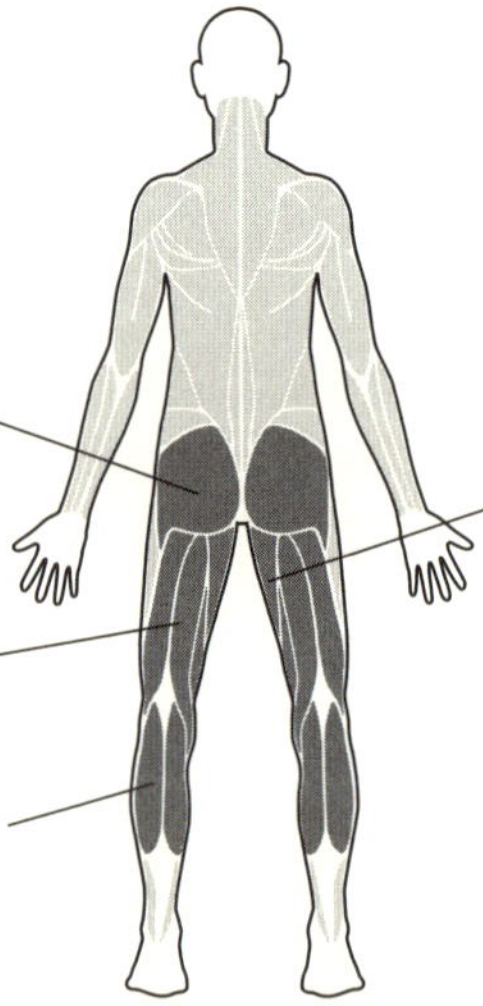

〈身体の後面〉

●主な効果

◎腰痛改善（腰椎への負担が減るため）
◎姿勢矯正（骨盤が立ち上がるため）
◎腹囲が減る（肋骨と骨盤の位置関係が変化するため）
◎歩く動作がラクになる（重心位置が高くなるため）

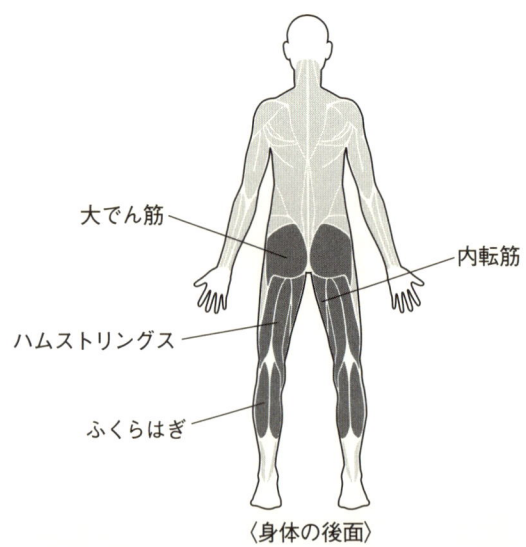

ロコムーブの効果を実感してみよう！

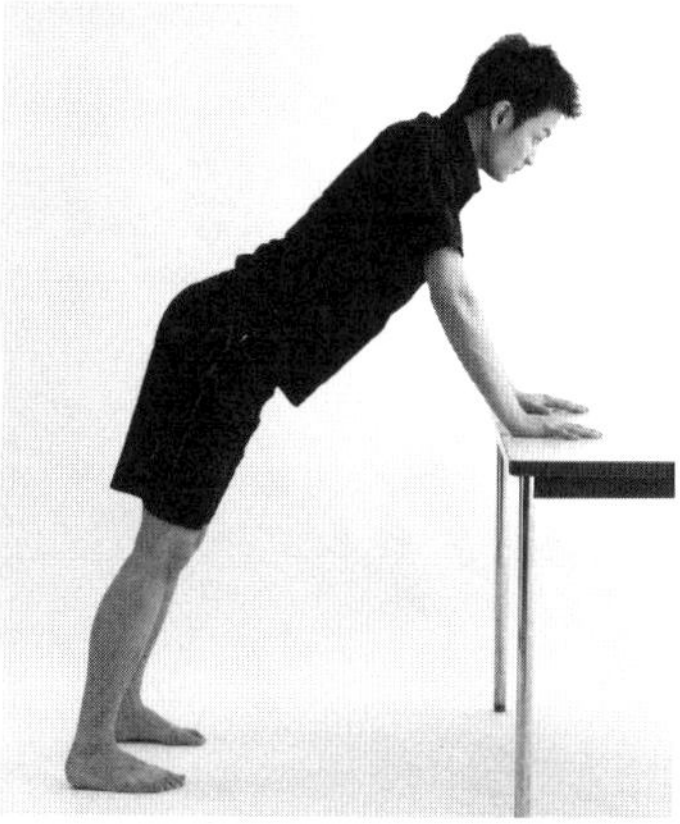

お尻（骨盤）をグーッと突き上げるように後ろに引く

ビーンと伸びた裏ももと内ももの筋肉を使って、腰を前方にポーンと体重移動

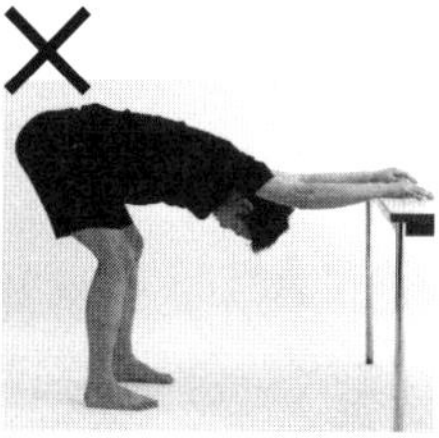

NG 頭を入れる

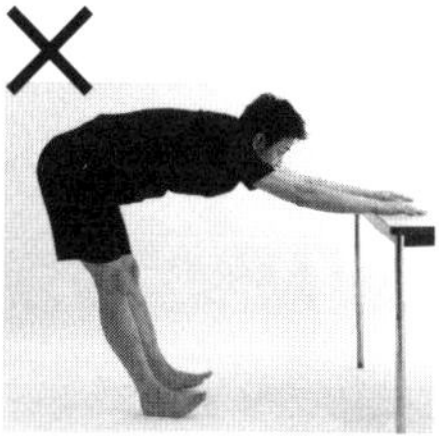

NG かかとに重心をかける

Point
ひざではなく
股関節
を伸ばす

（5回×3セット）

今すぐ効果を試す② プレ・フェニックス

これはロコムーブの一つ「フェニックス」を簡単にした「プレ・フェニックス」です。これはイスに座ったまま行います。

現代は、肩こり、首こりで悩んでいる方が非常に多くなってきました。これは、パソコンやスマートフォンの普及によって、頭を前に突き出した姿勢を継続していることに大きな要因があります。

頭と首の関係は、首を支点としたシーソーのような構造です。

頭を前に突き出した姿勢を続けると、その頭の重量を支えるために首の筋肉が過剰に働くようになります。そうなると後頭部や首がこってきます。ストレートネックのチェック項目として、上を向きにくいという特徴が見られます。

たとえば、うがいがしにくい、天井を見上げられないといった症状のある方は、ストレートネックに要注意です。

プレ・フェニックスは、頭を安定した位置に正し、首の筋肉の緊張を和らげ、ストレートネックの改善と予防に大きな効果を発揮します。

では、イスに座った状態でゆっくりと首をそらして、どこまで後ろが見えるか視界を確認して見てください。

ただし、あまり体を後ろに倒さないようにしてください。

このとき、天井の模様や照明の位置を手がかりにして、どこまで見えたかを覚えておいてください。

肩こりや首こりが強い人は、けっして無理のない範囲で確認してください。

では、イスの位置はそのままで、座った状態でプレ・フェニックスをしましょう。

プレ・フェニックス

その場で
首・肩の動きが
ラクになる!

●この動きが連動してココに効く！

主に、硬くなりがちな胸椎《きょうつい》、胸郭（肋骨《ろっこつ》）、鎖骨《さこつ》、肩甲骨を伸ばして、肩周辺の僧帽筋《そうぼうきん》、胸鎖乳突筋《きょうさにゅうとつきん》の緊張を解く。

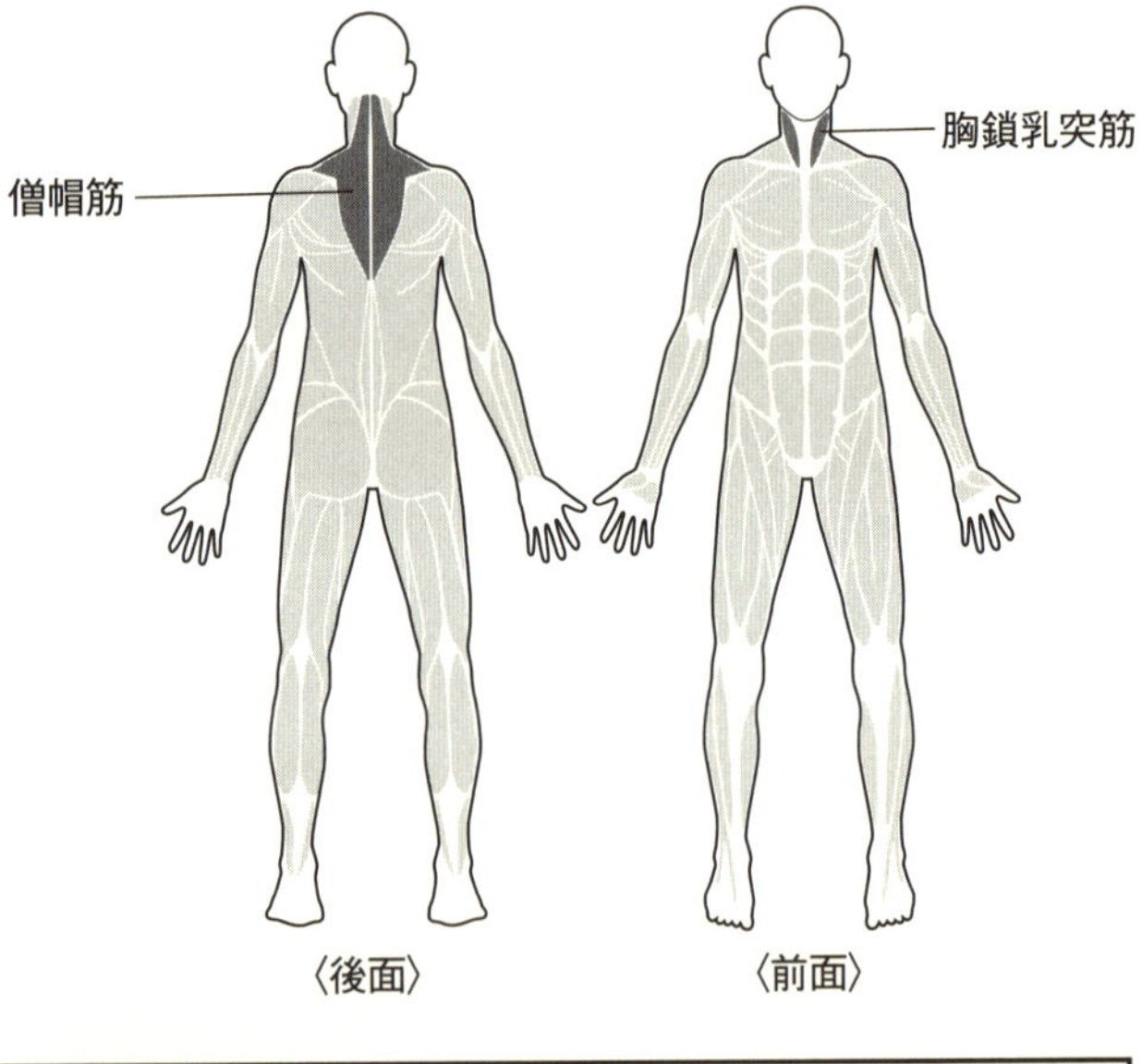

●主な効果

◎首・肩こり改善（頸椎《けいつい》への負担が減るため）
◎首の可動域を広げる
◎姿勢矯正（胸椎が伸びて、ねこ背解消）
◎呼吸がラクになる

ロコムーブの効果を実感してみよう！

両腕を真上に
グッと上げる。
ひじは耳より
後ろにくるよ
うに

両手のひら
を外に向け
ながら、腕
を大きく羽
ばたくよう
に広げる

ひじが身体の後ろ
にくるまで肩甲骨
をギューッと寄せ
きったら、逆の軌
道をたどって腕を
真上に

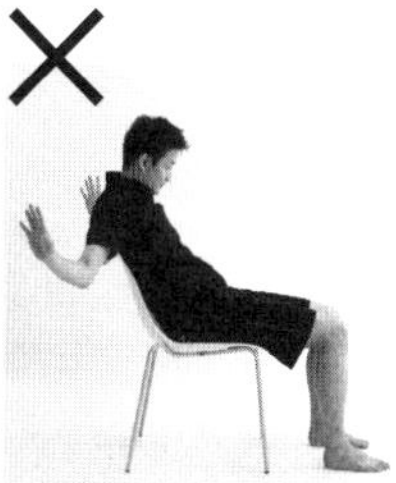

NG 背もたれに
寄りかからない
（仙骨座り）

（3回×3セット）

① 両手を組んで 両腕を真上にグッと上げます。このとき、可能なら耳の後ろに両腕がくるようにします。

② 肩と胸とともに、腕を左右にグイーッと大きく羽ばたくように広げながら下ろします。

③ 下ろすときに、手のひらが外を向くように腕全体を内側にスッとひねります。ひじが身体の後ろにきていればOKです。肩甲骨をギューッと背骨側に寄せきります。

＊手の指が地面と垂直になるように注意してください。ひじは90〜120度ほど曲げます。

④ 下ろしたときと逆の軌道をたどって、腕を真上に上げます。

⑤ ①〜④を3回繰り返します。

いかがでしょうか？　肩甲骨周辺が硬い人は、詰まる感じや、こりをほぐされたような、じんわりした気持ちよさを感じるはずです。

さて、ここで先ほどのように、ゆっくりと首を後ろに反《そ》らしてみましょう。前よりも天井の見える範囲が広くなったのではないでしょうか？

肩こりや首こりでお悩みの方に大きな改善効果を得られます。オフィスやご家庭等で、ぜひやってほしい動作の一つです。

1章

なぜ、動物と違って現代人は、疲れやすく故障しやすいのか

——誰も教えてくれなかった身体の回復作用

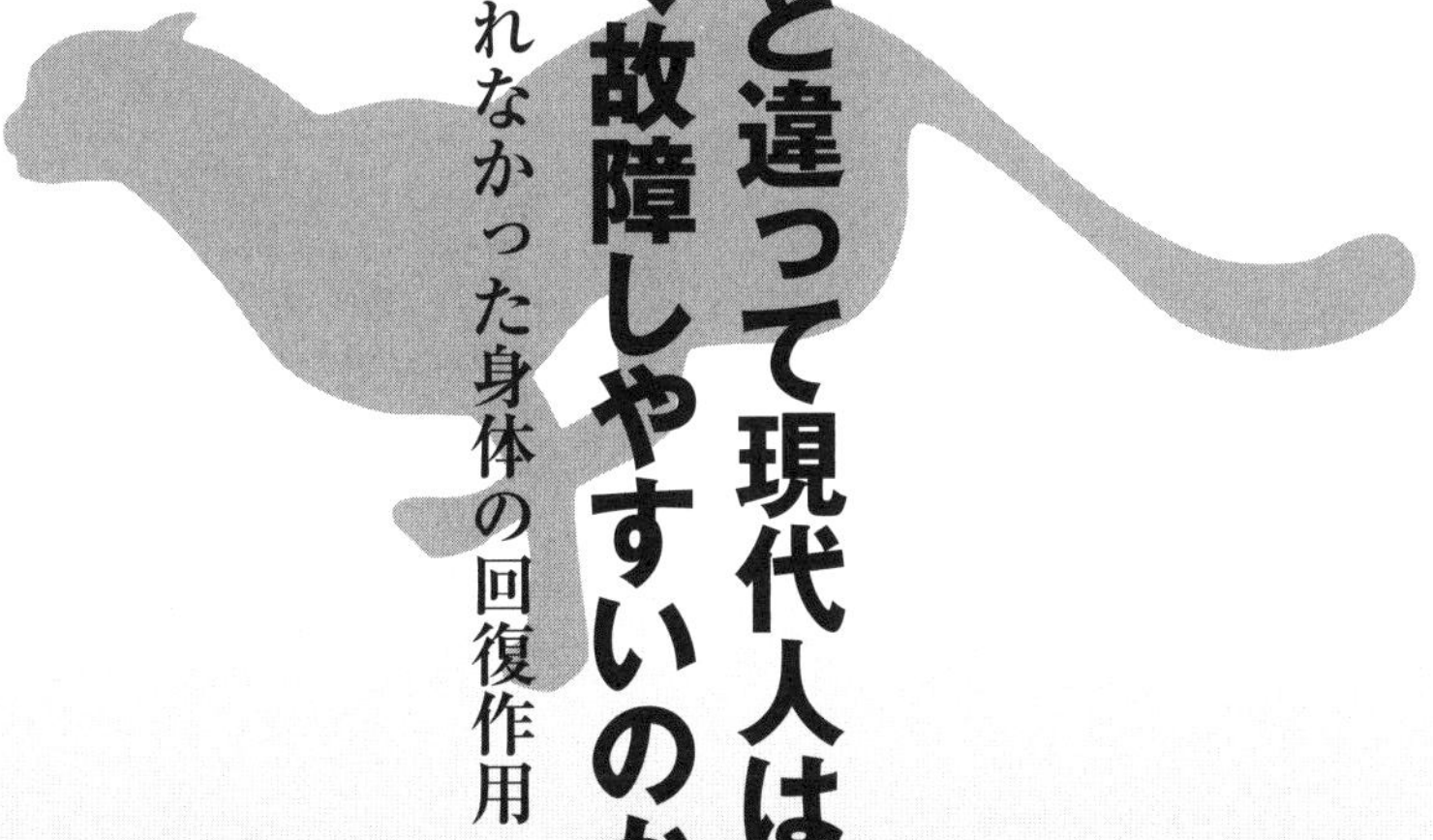

肉離れするチーターはいない

アフリカのサバンナに生きる野生動物は、毎日が命をかけた戦いです。テレビの番組でご覧になったことがあるでしょう。空腹になったチーターやライオンなどの肉食動物が、シマウマや水牛などの草食動物を狙ってじりじりと近づいていく。そして、「今だ！」と思った瞬間に全速力で相手を追いかける……。

準備運動などありません。いきなり全速力で走り出すのです。

それは、チーターだけでなく、追われるシマウマも同じこと。一瞬の差によって、チーターが追いつくか、シマウマが逃げおおせるかという命をかけた競走にけりがつきます。

さて、そこでよく考えてみてください。

チーターは（もちろん、シマウマもそうですが）、ほとんど静止している状態から、いきなり最高スピードまで達します。それなのに、チーターは肉離れもねんざもしません。少なくとも私は、肉離れをして痛がっているチーターなんて聞いたことがありません。

かといって、シマウマを追い始める前に、準備運動やストレッチをしている様子もありません。不思議ではありませんか。これは、チーターに限らず、町で見かける猫や犬も同じこと。彼らは、急にダッシュをしたり飛び上がったりしても、ケガをすることはまずないのです。

人間だったらどうでしょうか。準備運動もしないでいきなり走り出したら、あそこが痛い、ここが痛いと言い出すことでしょう。足がもつれて転ぶのはまだいいほうで、肉離れやねんざ、ひどいときにはアキレス腱が切れることもありえます。

それどころか、ウォーミングアップしても肉離れやねんざを起こしてしまうのは人間だけです。それはなぜなのでしょうか。

人間と動物の身体の決定的違い

パソコンやスマートフォンの普及は関節や筋肉の偏った動きを生み、疲れやすさや腰痛、肩・首の痛みやこりにつながっています。

また、目や腕を酷使してしまい、その影響が肩や首に伝わると考えられています。

しかし、事実はそう単純なものではありません。

それは、人間とほかの動物との大きな違いに由来しています。人間はほかの動物と比べて肉体的に大きな違いが2つあるのです。

一つ目の違いは、二足歩行ができること。これは今さら言うまでもありません。それによって脳が発達して、複雑な言葉も話せるようになりました。

一方で、脳が重くなったことで、肩や首、さらには腰に負担がかかるようになりました。これはどなたも実感として理解できることでしょう。

二つ目の違いは、人間は手足の末端まで自由自在にコントロールできるという特徴です。

とくに、手の指の操作能力は群を抜いています。手の親指とほかの4本の指をぴったり合わせることができるのは人間だけです。そうした能力があるからこそ、手先を器用に使うことができるわけです。

この手先の器用さによって、人間は道具を使いこなせるようになり、高度な文明を発達させてきました。

しかしその代償として、**体幹《たいかん》部の中心の関節や筋肉がどんどん硬くなり、肩こりや腰痛を招く大きな原因の一つになったのです。**

たとえば、ノートパソコンを自分の太ももの上に置いて使っている状況を考えてみてください。

キーを打っているときは、ひじや肩を動かさないように固定していることでしょう。なぜなら、指先を自由自在に正確に動かすためには、指よりも身体の中心に近い部分――ひじ、肩、肩甲骨をしっかり固定しなければならないからです。

絵や文字を書くときも、指先よりも身体の中心にあるひじや肩の関節がグラグラ動いてしまうと正確に書けません。

当然、この関節を固定しているのは筋肉です。

このように、**デスクワーク中心の現代人の体幹部の筋肉は硬くなり、あまり使わないため萎縮《いしゅく》しやすくなっています。これが人間から野生動物のようなしなやかさを奪ってしまった一因です。**

世のお父様方が子どもの運動会で張りきってダッシュをしてコーナーで転んでしまったり、肉離れやアキレス腱を断裂してしまう理由が少し見えてきたことでしょう。

身体の機能低下への〝対症療法〟から〝根本療法〟へ

　こり固まった筋肉の不快感を解消しようと、定期的にマッサージに通われる方も増えてきました。マッサージで一時的に筋肉がほぐされてラクになりますが、日常生活の中でまたこり固まってきます。

　こり固まった筋肉をほぐすには、直接筋肉をさわって押したりもんだりするよりも、その筋肉が付着している骨や関節を動かしてあげるほうが効果が高いのです。

　なぜなら、筋肉の上には筋膜や脂肪がついていて、さらに皮膚で何層にも包まれています。皮膚の上からいくらもんでも、筋肉まで届くことは難しく、直接的にほぐすことはなかなかできません。

　筋肉が強くこり固まって関節を動かせない方には、私はマッサージで筋肉をほぐすこともありますが、あくまでも身体の動きを引き出すためです。なので、けっしてマッサージだけでは終わりません。

　マッサージによって動きを引き出すことが目的なので、必ずロコムーブ動作を行って終了となります。

また、何でもかんでも**動かせばいいというわけではありません**。

そもそも、肩や首がひどくこっている状態では、首の可動域（動く範囲）は極端に減っています。

ボキボキと首の関節を鳴らしたり、反動をつけて動かしたりするのは非常に危険なので注意してください。このようなときは、こっている肩や首そのものではなく、肩や首と関係性の深い部位からアプローチをしていくことが大切です。

実は一見、首や肩と離れて関係ないように見える下半身の動きや立ち方が大きな影響を与えているのです。

私は身体の痛みが出ている箇所を直接動かして治そうとしません。

現在指導している野球選手なども、肩を痛めてしまうと肩ばかりリハビリを行っているようでしたが、私は股関節からアプローチします。

また、ランニングなどで脚を痛めた方は、徹底的に肩周辺からアプローチします。

ロコムーブは**身体の運動連鎖に着目して全身のバランスを調整していきます**。さまざまな身体の不快感に対して効果を発揮していきます。

つまり、患部だけに注目した対症療法ではなく、痛みが生じている原因となる部位からアプローチする根本療法が必要なのです。

さらに、薬やマッサージに依存するのではなく、自分の身体を自分で改善していくセルフマネジメントをしていくことを本書の主眼としています。

筋肉の「オン・オフ」は自在にコントロールできる！

この本を取っていただいたみなさんは、自分の身体に何らかの不調を抱えているか、身体のメカニズムに興味があるか、または身体を進化させていきたい方でしょう。

そこで今後生活していく上で、必ず知っておきたい重要な身体のしくみを最初にお伝えしておきましょう。このあとに行っていただくロコムーブの種目の効果を左右する大事なポイントになります。

身体を動かす際に、私たちは見えるところだけに注目しがちですが、「動く」という動作は、そもそも筋肉、骨、そして神経が総動員されて機能しています。

巷《ちまた》では、ストレッチ、インナーマッスル、体幹トレーニングのようなさまざまなトレーニング用語が流行していますが、私はここで一見注目されにくい「神経」の重要性をまず先にお伝えします。


たとえば、正座を長時間して足がしびれて立てなくなった状態をイメージしてみてください。また、脳梗塞《こうそく》や交通事故で神経に障害を受けて麻痺《まひ》してしまったケースを考えてみるとわかりやすいでしょう。

筋肉や骨にさほど損傷がなかったとしても、神経に損傷を受けてしまうと、どんなに屈強な筋肉と骨を持ち合わせていても動くことができません。

つまり、身体の動きの司令塔は、神経が担っているのです。

大事なのはここからです。**神経は活動させたい筋肉に青信号（オン）を送る役割**

の指令と、反対に活動させたくない筋肉に赤信号（オフ）を送る役割の合計2つの指令を送っているのです。

たとえば、ひじをグイッと曲げるときを考えてみましょう。

このとき、あなたの意識によって、上腕二頭筋と呼ばれる力こぶの筋肉が収縮しようとします。上腕二頭筋が「オン」の状態になるわけです。

そして、脳は同じタイミングで、ひじを伸ばす働きのある上腕三頭筋をゆるめて働かないようにも命令しています。上腕三頭筋を「オフ」にしているわけです。

つまり、「ひじを曲げよう」とするときには、その逆の行為である「ひじを伸ばす」ための筋肉をオフにして、邪魔しないようにしているわけです。

逆に、ひじを伸ばすときには、神経は上腕三頭筋をオンにして、上腕二頭筋をオフにしているのです。

私たちがスムーズに立ったり歩いたりできるのも、こうした神経のオン・オフの機能（専門用語では「相反抑制」といいます）が全身の筋肉で働いているおかげなのです。

とくに、この神経の機能は大脳からの指令に大きな影響を受けていますから、指令の正確さや強さいかんで反応を変えるのです。

ロコムーブではこのメカニズム——ある筋肉をオンにして活動させると、同時に別のある筋肉がオフになって緊張を解くように働くしくみを利用しています。

硬くなった筋肉をほぐすには、〝拮抗筋〟を使え

序章の「プレ・カンガルー」では股関節と骨盤、「プレ・フェニックス」では肩甲骨と頸椎《けいつい》（首の骨）にアプローチしました。

2種目を行ってみて、前屈が以前よりも下に行くようになったり、首の可動域が広がったことを実感してもらえたことでしょう。

筋肉のオンとオフをコントロールするメカニズム

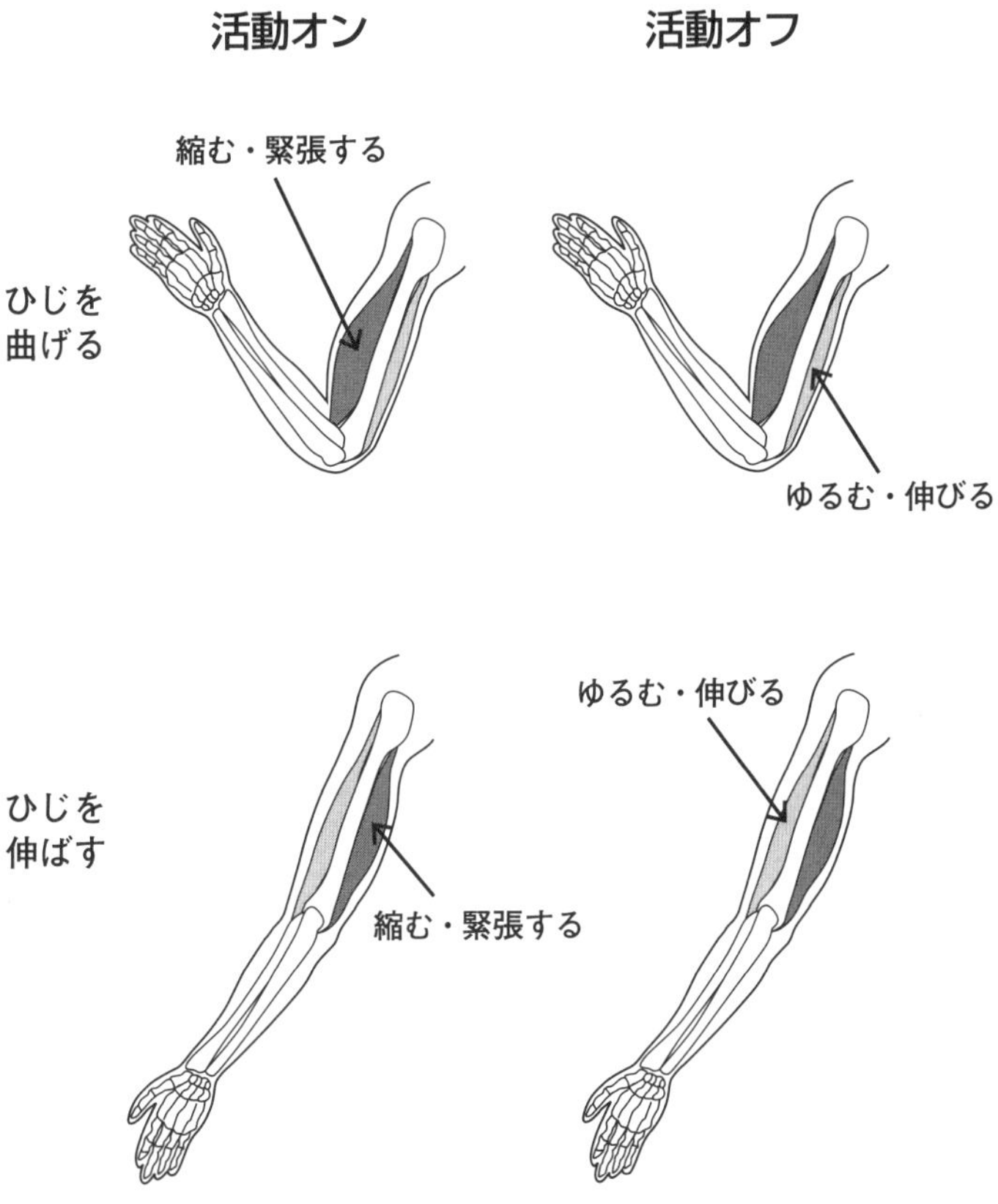

たとえば、「ひじを曲げよう」とするときは、上腕二頭筋（上腕の表側）が「オン」になる一方、上腕三頭筋（上腕の裏側）が「オフ」になって緊張を解くように働く。このメカニズム（相反抑制《そうはんよくせい》）を利用すれば、拮抗《きっこう》する筋肉を活動させることによって、特定の筋肉をゆるめる（柔軟にする）ことができる。

前屈の柔軟性を出すためにお風呂から上がったあとに一生懸命伸ばしていた経験を持つ方も少なくないのではないでしょうか。この数分間の種目を実践したことで、何が起きたのでしょうか?

先ほどの筋肉のオン・オフの面から見てみましょう。

たとえばプレ・フェニックスの動きを行うとき、次章で紹介するある筋肉をオンにした結果、首の筋肉の緊張をオフにしたことで柔軟性が生まれ、可動域が広がりました。けっしてストレッチのように直接伸ばそうとして柔軟性が高まったわけではありません。

このように、**ロコムーブはこれまで意識して使うことがなかった筋活動のオンとオフのしくみを使って、身体の動きを瞬時に変えていきます。**

オフにする機能は、もともとあなたの身体に備わっているのです。

一般的には、こり固まって緊張を解きたい(活動をオフにしたい)筋肉をマッサージや整体、温泉など外からの力によってゆるめようとします。

マッサージや温泉療法等も有効な手段ですが、こり固まった筋肉を緩解《かんかい》するには、人間の身体に備わっている機能で解決できるのです。

たとえば、**「肩の力を抜け！」といわれて、肩の力を「抜こう」としてもなかなか抜けません。**

ところが、肩の筋肉をオフにする別の筋肉（拮抗筋《きっこうきん》）を使うことによって、肩の力は生理的に抜けるのです。

IT企業や大手生保で導入されている理由

序章のプレ・カンガルーとプレ・フェニックスを実際にやってみて、「今まで症状改善に使っていた時間と労力は一体、何だったのだろう」と思った方もいらっしゃるかもしれません。

ロコムーブの強みは、正確に動作を意識していただくことで、効果を出すための時間を大幅に短縮することができる点です。

生命保険会社やＩＴ企業の朝礼で実演をすると、その時間対効果に驚嘆の声が上がります。

「身体が軽くなった」

「頭がスッキリした」

「首がラク！」

……等々。

漠然とこなす10回よりも正確な1回、1回目の意識よりも2回目の意識がより強くするような方向性で取り組んでいただくことで、身体のメンテナンスにかける時間が今後は大幅にセーブできます。

たとえば、プレ・フェニックスを始業前や業務の合間に実施していただくことで仕事の持久力も上がることでしょう。

次章では、いよいよロコムーブの核となる3種目を紹介します。

2章

実践！ たった3つの動きで劇的に変わる

――「フェニックス」「カンガルー」「チーター」

「部位別」に鍛えようとしていませんか

トレーニングというと、身体の部位別に鍛えようとしてしまいます。人間の筋肉は400種類もあって、それこそ満遍なく鍛えようとしてしまうと、トレーニングの数は無数に増えてしまいます。

実際、巷《ちまた》にはたくさんのトレーニング法があふれかえっています。ボディビルダーのように筋肉の大きさを競う場合はパーツで分類する考えは必要ですが、本書の「動ける身体をつくる」というテーマでは、数ある筋肉の中でアプローチする優先順位をつけていきます。

動物が動くとき、忘れてはならないのは、身体の中心から末端へスムーズに力を伝達することです。

この「広背筋」から身体全体が変わる理由

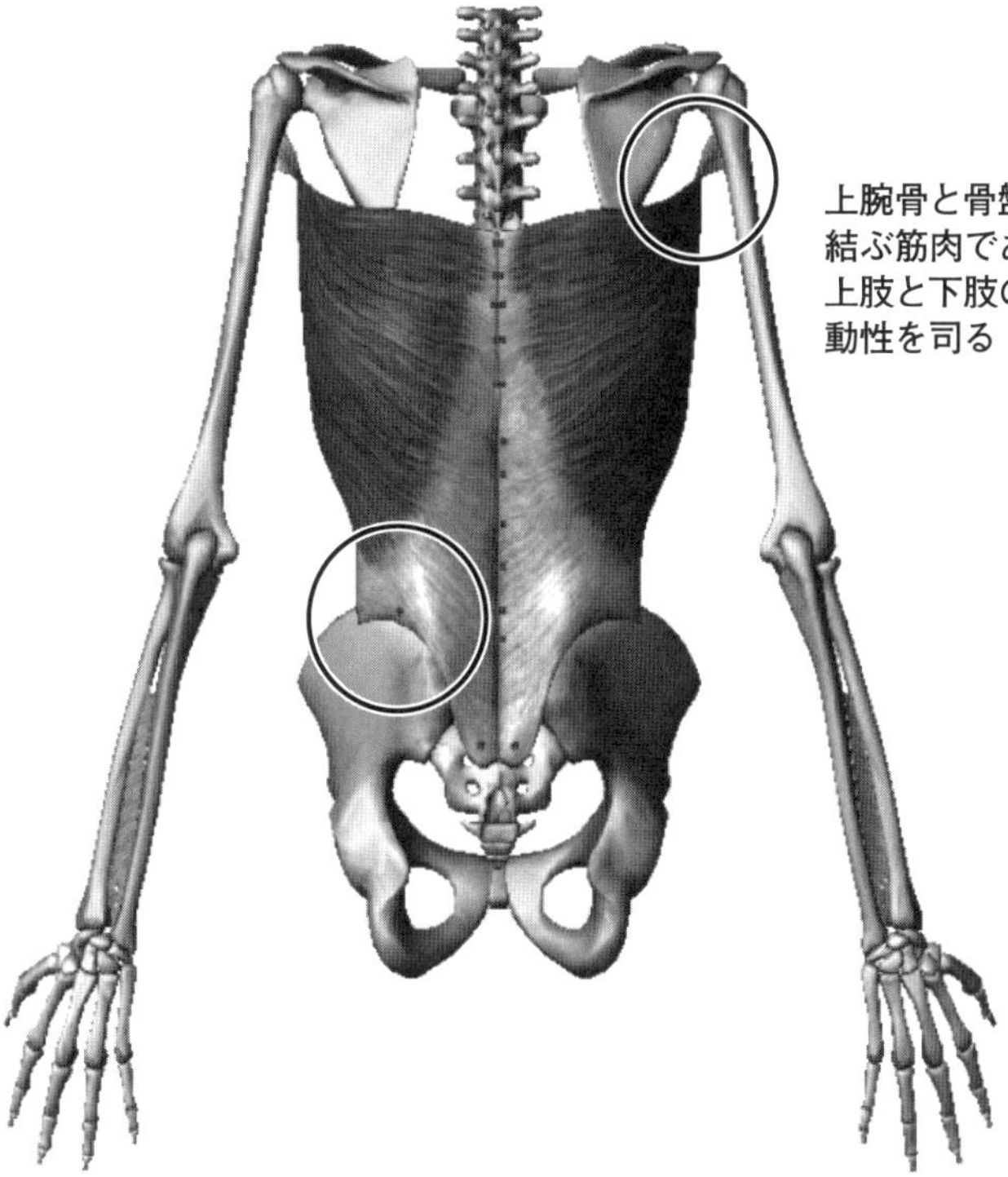
上腕骨と骨盤を
結ぶ筋肉であり、
上肢と下肢の連

人体最大の筋であり、上半身と下半身を直接結ぶ唯一の筋肉「広背筋」。

広背筋は、身体の後ろ側にあって目に見えないため、うまく鍛えるのが難しい部位である。

たとえば「脚」でいえば、「股関節→ひざ関節→足関節」の順で力が自分の外に向かって伝達されるような身体をつくっていくことが、動ける身体をつくるということでもあります。

つまり、優先順位として、**まずは身体の中心にある関節の動きを鍛える**ということが大切なのです。

たとえば、上半身の中心にある肩甲骨や鎖骨、下半身でいえば、骨盤や股関節です。

そこでロコムーブでは、**身体の中心部に存在し、上半身と下半身を直接結ぶ人体最大の筋肉である「広背筋」に着目し、まずこの筋肉の活動を高めることを第一優先と考えています。**

繰り返しますが、広背筋は、上肢と下肢を直接つなぐ唯一の筋肉なので、わずかな手足の向きや角度によって活動量が変わってきます。これから紹介する種目では、立ち方や細かな動きにも関わっていきます。

動ける身体を手に入れるための種目を、3つに凝縮しました。これ以上減らすことができないギリギリの種目数です。

普段からトレーニングされている方は、これから伝える3種目を騙されたと思って1週間行い、やる前の身体の状態と比較してみてください。

3種目で得られる7つの効果

「たった3つやるだけで、本当に効果は上がるの？」

そう思われる人もいるかもしれません。しかし、身体を部位別に分けて、多種目を実践する通常のトレーニングとは異なり、ロコムーブは**身体の運動連鎖に着目したことで、少ない種目に集約することができました**。

3種目を丁寧に正確に行えば、1セット、うまくできればたった1回でも効果を確認していただけるはずです。

また、「それぞれ何回やればいいんですか?」「1週間で何セットすればいいんですか?」などとよく聞かれます。

たしかに、一般の筋トレ(筋肉トレーニング)では回数や重さ(キログラム)で細かく目標を設定しますが、ロコムーブでは回数や重さよりも動作を重視しています。たとえば自転車に乗るのを覚えるように、動作を習得して自分のモノにすることが第一のゴールです。

回数は一つの目安として設定しています。

これからご紹介する「フェニックス」「カンガルー」「チーター」の3種目を実践することで、あなたの日常生活にどんな変化をもたらすでしょうか。

①いつもよりラクに、軽やかに歩けることで、疲れにくい身体になる
②骨盤と肋骨《ろっこつ》の位置関係が変わることで腹囲が減り、メタボ体型を短時間で改善で

きる
③深く息を吸えることで、より多くのエネルギーを得られ、集中力が高まる
④柔軟性が高まることで、血流が高まり、疲労回復に効果
⑤骨盤の位置が高くなり、スタイルが改善する
⑥身体がいつもより軽く感じることで、自然と活動量が増える
⑦姿勢が改善し、背が高くなり視野が格段に広がる

ロコムーブ実践前、実践後で次の項目をチェックしてみてください（もちろん、できる範囲で結構です）。

□前屈（手と床との距離）
□歩いているリズムや目線の位置を確認する
□後屈（立った状態から身体を後ろに反《そ》らせる）
□家や職場の廊下など約10～15メートルくらいの距離の歩数を数える

□腹囲の計測（鏡でチェックしても見た目で確認できると思います）

「ロコムーブ・スタンス」のつくり方

ロコムーブでは立ち方を非常に重視しています。立ち方次第で、腕や脚の動きはもちろん体幹の動作も大きく変わってくるからです。

試しに足の向きを真っすぐにした立ち方と、がに股にした立ち方の2パターンで前屈と後屈を行ってみてください。

どうでしょうか。足の向き一つで可動域が大きく違ってくることを体感できたのではないでしょうか。

がに股で後屈したときに、腰に痛みが出た方もいたかもしれません。

がに股の姿勢は単に見た目の問題だけでなく、骨盤などのほかの関節にも負担をかけます。

ロコムーブでは理想的な立ち方を「ロコムーブ・スタンス」と命名し、共通した立ち方をとっていただきます。

ロコムーブ・スタンスのセット

・足の向きが真っすぐになるように立ちます。
・両脚の幅は腰の幅です。
・みぞおちをスッと引き上げます。
・骨盤をやや前傾してキュッと引き上げます。
・あごをフッと軽く引きます。後頭部をグーッと引き上げるイメージです。

ロコムーブ・メソッド①　フェニックス

フェニックスとは「不死鳥」のことですが、大きな鳥がバサッと翼を広げるイメージで腕を広げていきます。

序章で紹介したプレ・フェニックスはイスに座ったままでしたが、ここでは立って行います。

まず、ロコムーブ・スタンスをセットします。

① 両手を組んで両腕を伸ばしたまま、頭上にグッと伸ばします。両腕は耳の後ろまで持っていけるとベターです。

② 肩と胸とともに腕を左右にグイーッと大きく羽ばたくように広げながら下ろします。

③ 腕を開くときに、手のひらが外を向くように腕全体を内側にスッとひねります。

フィニッシュでひじが身体の後ろにきていればOKです。肩甲骨をギューッと背骨側に寄せきります。

＊手のひらが地面と垂直になるように注意してください。ひじは90～120度ほど曲げます。

④　腕を開くタイミングに合わせて骨盤をグーッと前傾します。このとき、肩が開きやすいことが分かるはずです。

⑤　下ろしたときと逆の軌道をたどって、腕を真上に上げて手のひらを合わせます。

①～⑤を3回×3セット繰り返します。

ロコムーブ・メソッド1

フェニックス

主に上半身の中心「胸椎」と連動する関節の動きを引き出す

●この動きが連動してココに効く！

プレ・フェニックス同様、胸椎を中心とした背骨を伸展させ、肩甲骨周辺の筋肉の緊張を解くほか、身体の中心部にある広背筋の活動を高める。

立って行うことにより骨盤との連動性を引き出しやすい。

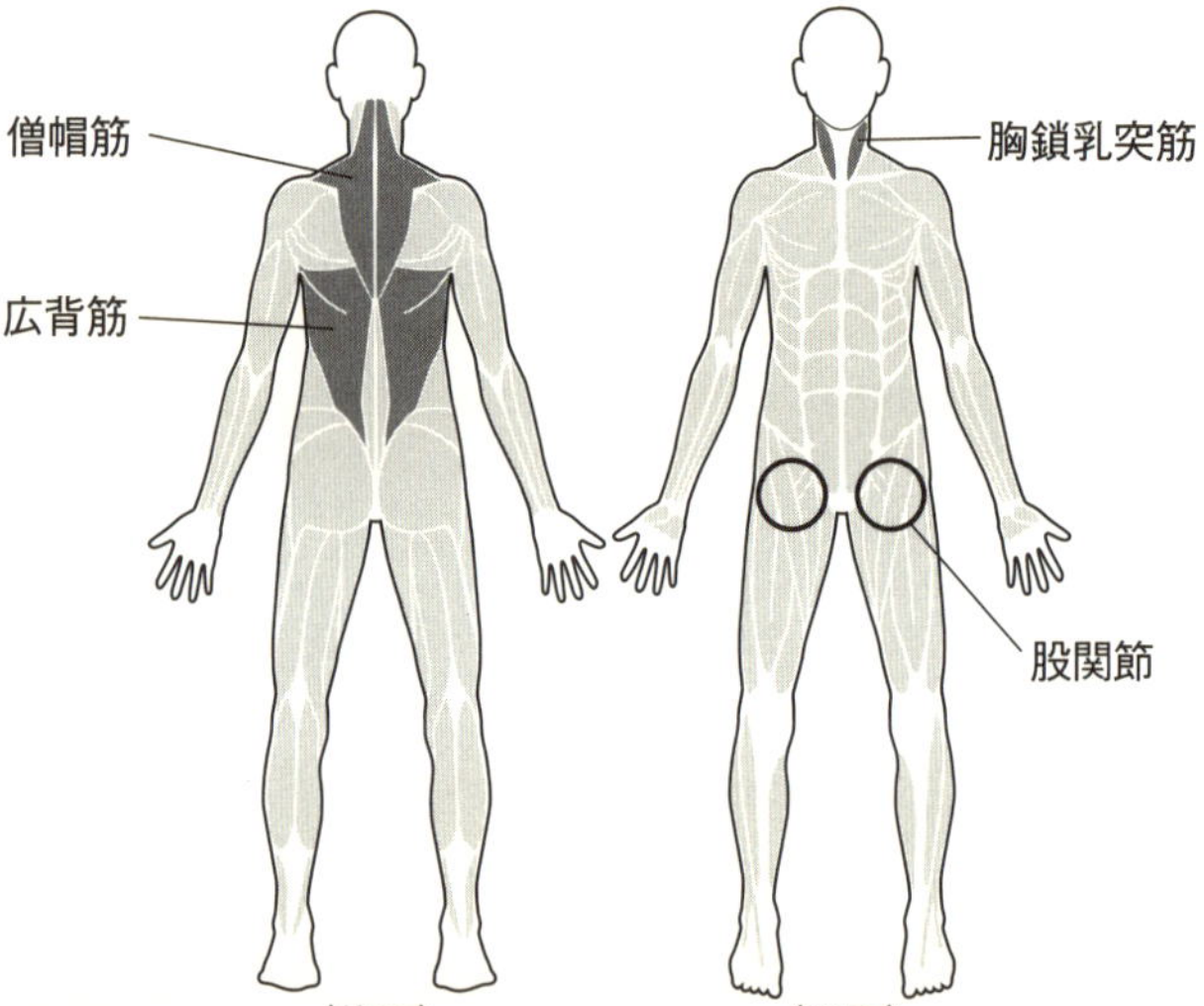

〈後面〉　〈前面〉

●主な効果

◎肩こり・腰痛改善
◎姿勢矯正
◎呼吸がラクになる、集中力アップ（胸部が高まるため、息が吸いやすい）
◎身体にしなりが生まれる（胸椎の伸展力が高まるため）
◎背骨のアンチエイジング

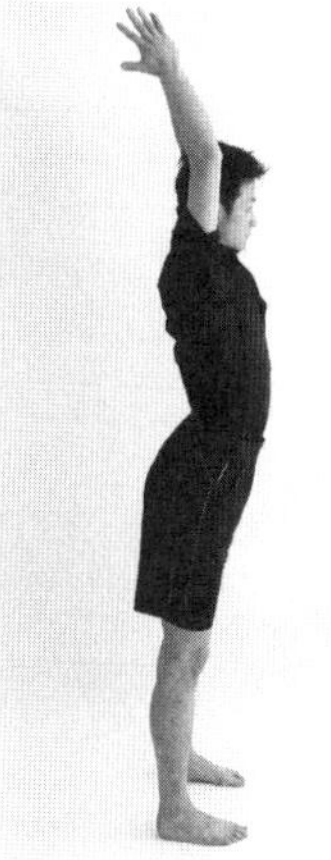

両手を合わせ、耳の横に腕が来るようにして頭上にグッと伸ばす

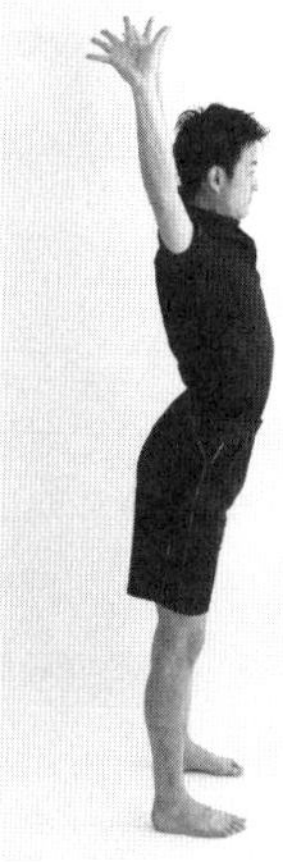

手のひらが外に向くように内にひねりながら、腕を左右に大きく羽ばたくように広げる

肩甲骨をギューッと寄せるように胸を開く。このとき、骨盤もいっしょに引き上げるようにして

（腕を開いた後は、逆の軌道をたどって腕を真上に）

（3回×3セット）

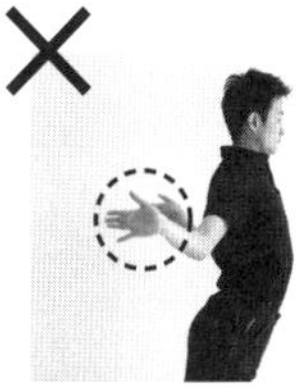

NG 手指が地面に垂直になっていない

NG 手のひらが下を向いている

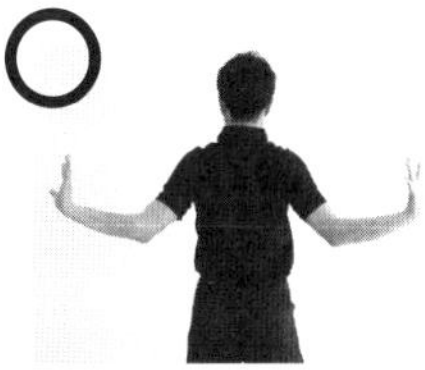

フェニックスのチェックポイント

・◯両足が平行になっている　×両足が外に開いている
・◯上げた腕が、耳の横かそれよりも後方にある　×上げた腕が耳よりも前方にある
・◯開いたときに手のひらが地面と垂直　×手のひらが傾いている
・◯ひじの角度が90～１２０度　×ひじの角度が90度未満
・◯開いたときの両腕が体よりも後ろにくる　×両腕が体よりも前にある
・◯開いたときの手のひらが真横を向いている　×手のひらが前を向いている
・◯開いたときの足の前方に荷重がかかっている　×かかとに荷重がかかっている

肩甲骨周辺の筋肉は頭の重さや手先の動きによって硬まりやすくなっています。
人によってはゴリゴリと音がする人もいます。

では、少し後屈をしてみましょう。

後方がかなり見えるようになってきたのではないでしょうか？

加齢とともに背骨は丸くなっていきますから、背骨全体をきれいに伸ばせることはアンチエイジングにおいても重要です。

ロコムーブ・メソッド②　カンガルー

フェニックスの次に紹介したい種目が、「カンガルー」という種目です。

ちょっと見ただけでは一般のスクワットと似ていますが、内容も目的も大きく違います。

スクワットはポピュラーなので行ったことがある人も多いでしょう。まず、ご自身のイメージするスクワットを5～6回行ってみてください。

太ももの「前」を使っている感覚が強いのではないでしょうか？

ロコムーブ・メソッド2

カンガルー

主に下半身の
中心「股関節」と
連動する関節の
動きを引き出す

●この動きが連動してココに効く！

主に、プレ・カンガルー同様、下半身の中心・股関節の曲げ伸ばしによって、裏もも（ハムストリングス）、内もも（内転筋）、ふくらはぎ、お尻（大臀筋）などのほか、身体の中心部にある広背筋の活動を高める。

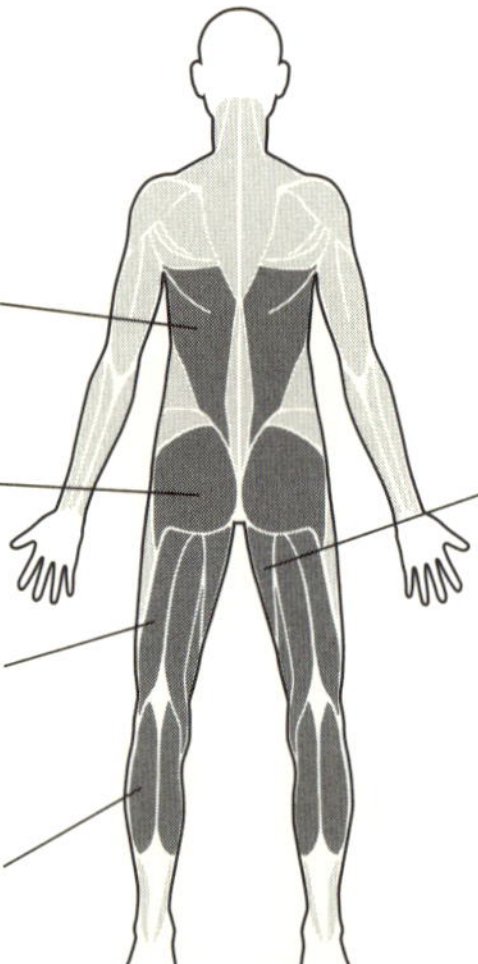

〈後面〉

●主な効果

◎肩こり・腰痛改善
◎プレ・カンガルー以上に身体バランスの向上
◎腹囲が減る（肋骨と骨盤の位置関係が変化するため）
◎下半身から全身の血流アップ
◎脚力強化（疲れにくくなる）

お尻（骨盤）をグーッと突き上げるように後ろに引く。このとき、ひざを前後に動かさない。骨盤を前後に動かす

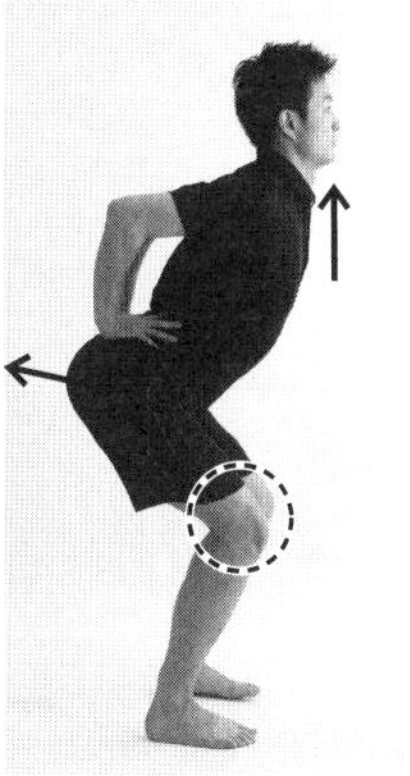

NG 骨盤をひいたときに膝が伸びきっている

NG ひざを内に入れたり外に開かない

ビーンと伸びた裏ももと内ももの筋肉を使って、腰を前方にポーンと体重移動

Point 股関節を伸ばす

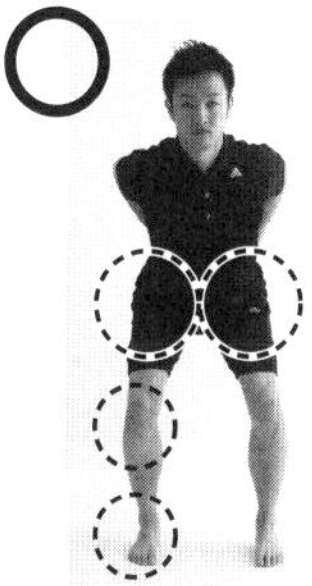

股関節〜ひざ関節〜足関節が一直線

（10回×３セット）

おそらく、ひざが前後に動いた、ひざの屈伸をメインとした動作になっているからです。

通常のスクワットは「ひざの関節の曲げ伸ばし」を中心に行っていますが、カンガルーでは「股関節の曲げ伸ばし」をメインとするのが大きな違いです。

「カンガルー」でメインに活動している筋肉は、裏ももと内もも、お尻の筋肉です（専門的にはそれぞれハムストリングスと内転筋、殿筋群といいます）。

ひざが前後に動くのではなく、ひざを支点として骨盤が前後に回転するような動作です。フェニックスによって姿勢が改善されているので行いやすいでしょう。

では、やり方を説明します。

① ロコムーブスタンスをセットします。

② 腰（骨盤）に手を当てて、両ひじを軽くキュッと寄せ、胸を開きます。

③ みぞおちをスッと軽く張った状態から、骨盤をグーッと突き上げるように後方

「カンガルー」と一般のスクワットの違い

普通のスクワット

鍛える筋肉：身体の前面

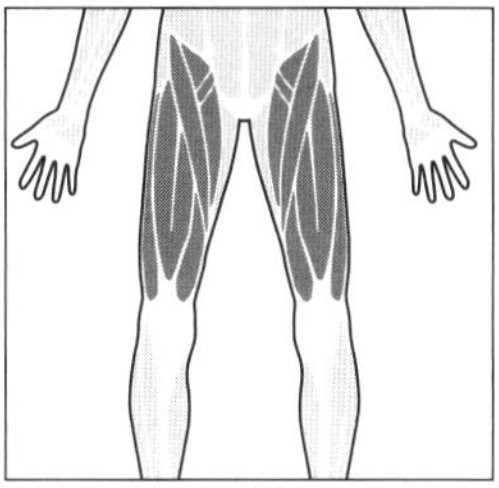

カンガルー

鍛える筋肉：身体の後面

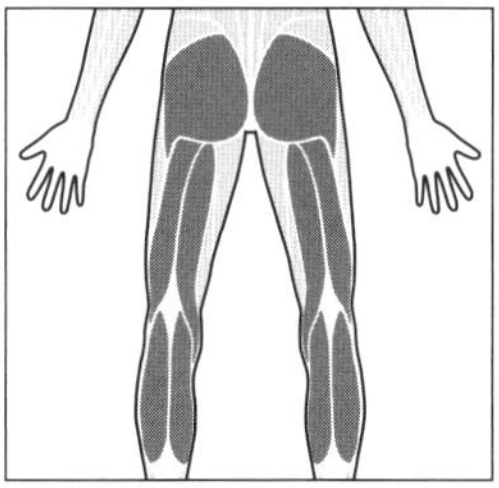

一般的なスクワットはひざが前後に動くため、太ももの前面やひざ関節の筋肉を鍛えがち。筋力はつくが、「動きやすさ」につながらない。「カンガルー」では普段使われないために硬くなりやすい太ももの裏（ハムストリングス）や内もも、お尻の筋肉をやわらかくすることができる。

に引きます。

※このとき、裏もも、内ももがジワーッと伸びる感覚が出ていればOKです。

④　骨盤を引いたときの正面像で、股関節とひざ、足の3つの関節が地面に対して垂直になるようにします。女性はひざが内に入りやすいですが、しっかりと垂直ラインをつくります。このときに内ももが少し伸びる感覚があると思います。

⑥　伸ばされた裏ももと内ももを使ってポーンと勢いよく骨盤をひざの真上に立ち上げます。

⑦　元の位置に戻ります。

①〜⑥を10回×3セット繰り返します。

これがひざの屈伸ではなく、股関節の屈伸をメインとした動作です。

前ももではなく、後ろももを使っている感覚があるのではないでしょうか？

股関節は肉眼で確認できないので、目で見えるひざをどうしても意図的に使いがちですが、**下半身の中心は、ひざではなく股関節です。**

「股関節」の位置

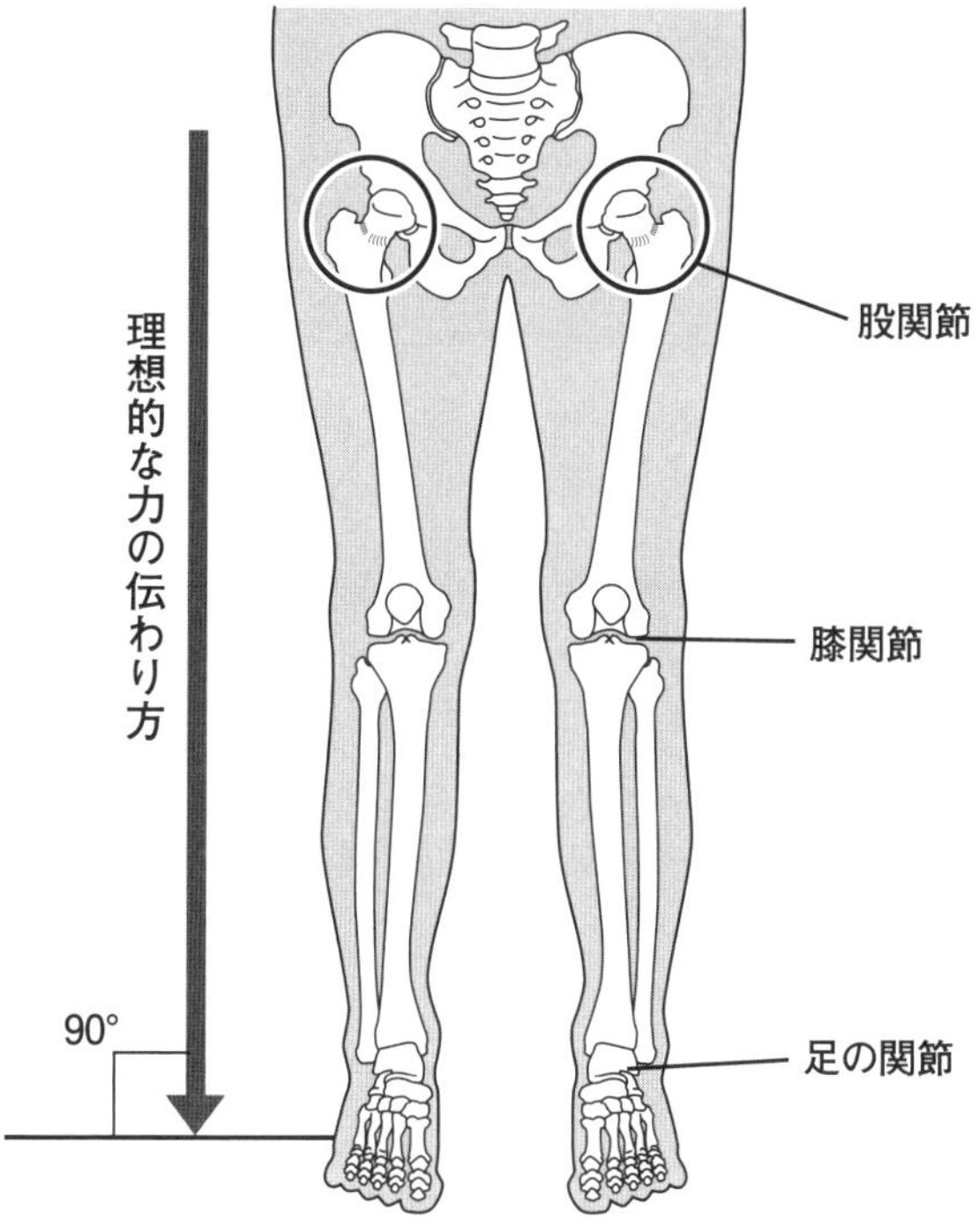

力は股関節→膝関節→足関節のように中心から末端へ流れ、
地面に対して垂直に伝わるのが理想的。
足の疲れや脚力の問題は、土台の「股関節」の使い方にある。

股関節で生まれた力をひざ関節や足関節に伝達していくのが理想的な使い方です。ゴルフなどの**力強いスウィングも腰の回転ではなく、この股関節の回転で行っているのです。**

10回ほど繰り返した後、前屈をしてみてください。指先がだいぶ地面に近づいたのではないでしょうか?

カンガルーのチェックポイント

・○両足が平行になっている　×両足が外に開いている
・○背筋がしっかりと伸びている　×猫背になっている
・○動作中にひざが前後に動かない　×ひざが前後に動く
・○両ひじ同士が寄っている　×両ひじが離れて開いている(ひじに力が入っていない)
・○お尻を引いたとき、足の外側付近に体重がかかっている　×足の内側に体重が

かかっている

注意点　腰に張りが出る人は、まずプレ・カンガルーを

現在、腰痛のある方やカンガルーでは腰に張りが出る人は、カンガルーの代わりに、序章で紹介したプレ・カンガルー（手をついて行うカンガルー）を毎日やってみてください。

プレ・カンガルーを何日か繰り返して、裏ももの筋肉が十分に柔らかくなると、腰の張りは軽減するはずです。そうなったら、カンガルーに戻るとよいでしょう。

また、カンガルーで腰に痛みが出るのは、肩甲骨周辺の硬さが原因となっているからです。

股関節の動きと肩甲骨の動きは完全連動します。フェニックスで肩甲骨が背骨に十分に寄せられるようになれば、痛みがだいぶ解消するでしょう。

ロコムーブ・メソッド③　チーター

「チーター」は「フェニックス」と「カンガルー」のポイントを組み合わせた形です。身体が硬い方や可動域が小さい方は、最初はきついかもしれません。しかし、驚くほどさまざまな効果を発揮する種目です。

では、ポイントを列挙します。

①　カンガルーでお尻をグッと引いたポジションをとります。

②　上半身をジワーッと地面と平行に倒しながら、骨盤もさらにグググッと前傾させていきます。手は自分のすねの横に添えておきます。

※カンガルーのときよりも裏ももと内ももに強くビーンとした伸張感があります。

③　両肩胸をひじをグーッと高く上げます。このとき、手はすねから腰骨（ベルト

のあたり）に向かって引き上げます。

④ 写真のように、脇をギュッと絞りきります、骨盤はさらにグーッと前傾させます。

⑤ 両手をすねの位置に戻します。

①～⑤を3回×3セット繰り返します。

股関節をしっかり曲げた状態で前傾姿勢をとれることは、動ける身体の最大のポイントです。

人間は直立二足で立っていますが、基本的に動物は4足です。四足動物に似た前傾姿勢になることで、普段はお腹の内臓を受け止めていた骨盤がその負担から解放されます。すると2本足で立っているときよりも骨盤の自由度が増し、股関節や肩関節の動きが拡大します。

地面と上半身が平行なくらいの前傾姿勢でしか呼び覚ますことができない身体機能があるのです。チーターではその機能を意図的に呼び起こします。

たとえば小学生を指導しているとき、彼らが無意識に行う動作にハッとすること

ロコムーブ・メソッド3

チーター

フェニックス
＋
カンガルー

●この動きが連動してココに効く！

前傾姿勢をとることによって、とくに胸椎（背骨）と仙椎（骨盤）の動きを引き出し、裏もも（ハムストリングス）、広背筋などの身体機能を呼び覚ます。

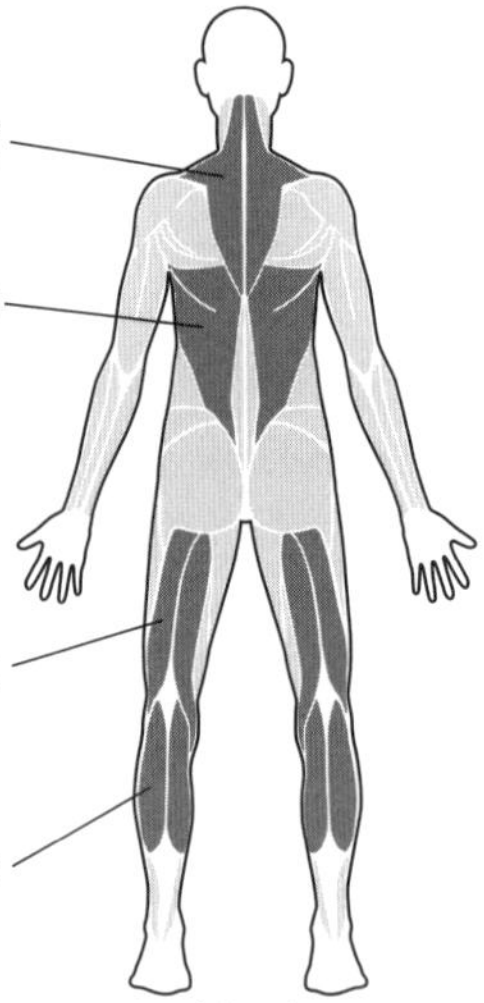

〈後面〉

●特長的な効果

◎身体が前に押し出されるようにすいすい進む（身体の重心位置が高くなり、どの関節や筋肉にも負担をかけずに動けるため）
◎身体が軽く、疲れにくい
◎走る・投げる・飛ばすなど、身体の外側に向かって働く力を効率的に発揮することができる

骨盤を前傾させて、お尻を高い位置にしたポジションで、両手は足のすね辺りに添えておく

上半身が地面と平行なまま、骨盤を前傾させていく。このとき、肩と胸を開きながらひじを引き上げる

NG ひざが伸びきっている

手の位置が腰骨にくるまでひじを高く引き上げ、骨盤をさらに前傾させるようにして持ち上げてから手を下ろす

NG 顔が下を向いて背中が丸くなっている

（3回×3セット）　※上げた手の位置が胸側にこないように

があります。

走る前のかけ声で「よーい」と言うと、ほぼ全員が前傾姿勢をとります。本能的にお尻の筋肉や裏ももの筋肉を使って速く走ろうとしているのです。

チーターは最初は少しきついと感じるかもしれませんが、裏ももや内ももの硬さが軽減してくるにつれて、あなたは動ける身体を取り戻していけるでしょう。

チーターのチェックポイント

・○両足が平行になっている　×両足が外に開いている
・○ひざ関節が140〜150度に曲がっている　×ひざ関節が90度くらいまで曲がっている。
・○足の小指、薬指の付け根に体重がかかっている　×足のかかとに体重がかかっている
・○引き上げた手の位置が腰骨にきている　×手の位置が胸にきている

・○腕を上げるときに脇が締まっている　×脇が開いている。
・○腕を上げるときに手首が起きている　×手首が丸まっている
・○体を起こしたときに肩と胸がしっかり開いている　×肩が丸まっている
・○体を起こしたときに顔が正面を向く　×体を起こしても顔が下を向き、首が丸まっている

きちんとできていれば、最初の姿勢だけで、カンガルー以上にももの裏側に強い伸張感を感じます。

さらに裏ももからふくらはぎにかけて強い伸張感が出ていればOKです。

ほかの2種目と比べてきついと感じるかもしれませんが、大きな変化を早く体感できるでしょう。

一度、前屈をしてみましょう。周囲を歩きながら、ご自身の姿勢の変化を体感してみてください。

以上でロコムーブの3種目をお伝えしました。
では3つ通して行ってみましょう。

（フェニックス3回＋カンガルー10回＋チーター3回）×3セット

種目ごとに相互に影響を与えるので、この順番を守って行ってください。

終わったら、冒頭で挙げた以下のチェック項目を再度確認してみてください。

□前屈（手と床との距離）
□歩いているリズムや重心の位置を確認する
□立った状態から後ろに反らせる
□家や職場の廊下など約10～15メートルくらいの距離の歩数を数える

□腹囲の計測（鏡でチェックしても見た目で確認できます）

前屈ではかなり地面に近づいたのではないでしょうか。

歩行のリズムはトントントンと弾むようなリズムに変化しませんでしたか。

背が高くなったような感覚、身体を前へ前へと押し出されている力を感じますか。

10メートルくらいの距離でも半歩以上歩幅が伸びて、歩数が減っている人もいるのではないでしょうか。

お腹もだいぶスッキリしたのではないでしょうか。

3セットにかかる時間は5分程度でしょう。**合理的に身体を動かすことができれば、たった5分間でも身体の動きや姿勢は変わります。**

私もそうでしたが、一般的にトレーニングというと、苦しくなくては意味がない、動かなくなるまでやらないと怠けているような気がするものです。

とくに真面目な人は、痛くても、きつくても、我慢しつづけて、ケガや故障をしてしまう場合もあります。

しかし、**理にかなった動きは、やればやるほど身体が動きやすく、軽くなっていく**ことを体感されたことでしょう。

やればやるほど身体がよい変化を示していくのは、とても楽しいものです。動きやすい身体バランスができてくれば、**結果として一日の活動量も高まります。苦しまなくてもダイエットやスタイル改善は可能です。**

このように、「トレーニング」や「鍛える」ということに対して、新しい考えを提示できればと思っています。

よくお客様に「たくさんのトレーニング方法があって迷っている」という質問をされます。

そのとき、私がお伝えするのは、

「トレーニング直後に歩きやすくなっているか、歩きづらくなっているかを一つの判断基準にしてください」

ということです。

なぜなら、人間にとって**歩行動作はあらゆる動作が凝縮したもの**であり、歩行バランスの乱れは関節や筋肉へのダメージを蓄積していき、ケガをするリスクを高めてしまうのです。

みなさんもトレーニング方法の取捨選択の一つの基準として頭にとどめておいてください。

すべては「歩き」を変えることから始まる

ロコムーブは、今までの「歩き」を無意識に変えることを重視しています。

「歩く」ことは生まれてから誰にも教わったことがない動作でしょう。また、無意識にできるため自分の歩き方に注意したことがある人はほとんどいません。

私はこれまでさまざまなスポーツ競技の指導に当たってきましたが、**最も注意深**

く見ているのは、その人の歩行バランスです。

わずかな歩幅の違いや歩行リズムの変化から、その人の状態やケガの前兆を予測し、トレーニングプログラムを決定しています。

アスリートのみならず、ビジネスマンの方でも、その人の歩行動作を見れば身体のどこに負担がかかっていて、どこを痛めているかはおよそ見当がつきます。

複雑に見えるスポーツの動作も、歩行動作の応用といっても過言ではありません。ある日突然訪れる腰痛やひざの痛みは、本人が自覚しないところで日々蓄積されている不合理な動作の連続によって極めて理に適って生じている現象なのです。

残念なことに、いったん変形してしまった骨や関節を二度と元に戻すことはできません。

私は身体の不調が本格化してしまう前に、「知っておけばよかったこと」「やっておけばよかったこと」を本書で伝えられたら、と思っています。

もし、この3種目によって歩き方に変化を感じることができれば、衰えていくどころか、逆に進化していく可能性さえあります。

運動する習慣を身につけたいと思っている人は少なくないと思いますが、フィットネスジムに行くには少し抵抗がある方も多いでしょう。

また、自宅でできるトレーニングやラジオ体操などに取り組まれている方も多いでしょう。

ロコムーブの特徴は、いつでも、どこでも実践できるだけでなく、極めて少ない種目で歩行や肩こりなどに即効果を発揮するところにあります。

自分自身を整体できる能力が身につきます。

実際、これまで全く運動経験がなかった事務職の女性がロコムーブを1か月実践したところ、身体にかつてないほどの柔軟性が生まれました。

新たな歩行スタイルを手に入れて、今ではマラソンにチャレンジされているようです。

ロコムーブ実践のビフォーアフター

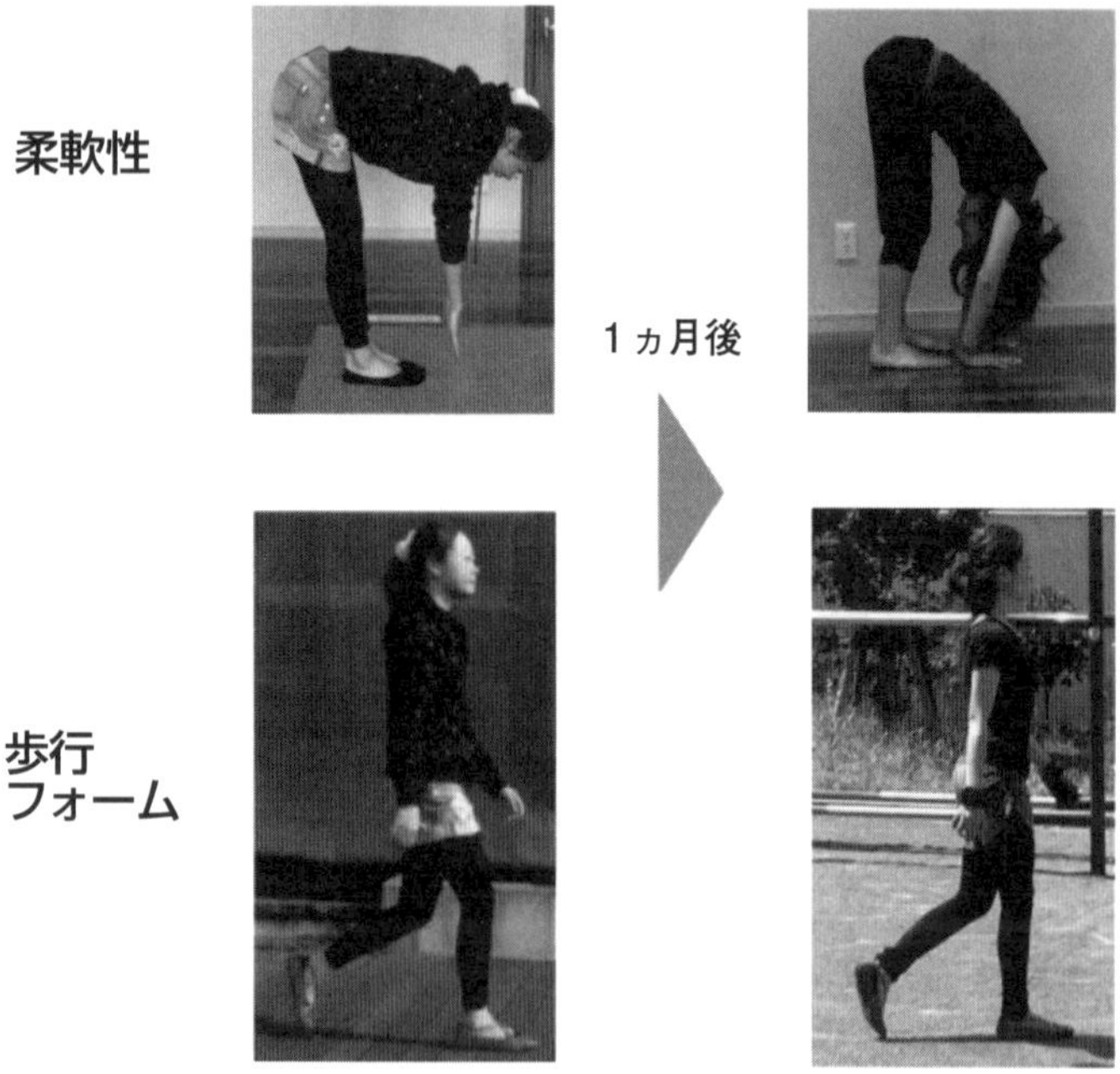

ロコムーブを実践後、「柔軟性がアップ」して関節の可動域が広がり、身体の動きがスムーズに。さらに、すべての人間の動作の基本形ともいえる「歩行姿勢」が改善した。着地脚に自然に乗り込んでいるのがよくわかる。

「ロコムーブをやっていると身体を動かすことが好きになる」

という感想をいただき、このような変化が読者の方にも訪れたらと思っています。

3章

すべての身体能力アップのカギは、「広背筋」にあった

——骨格と姿勢はここから正せた！

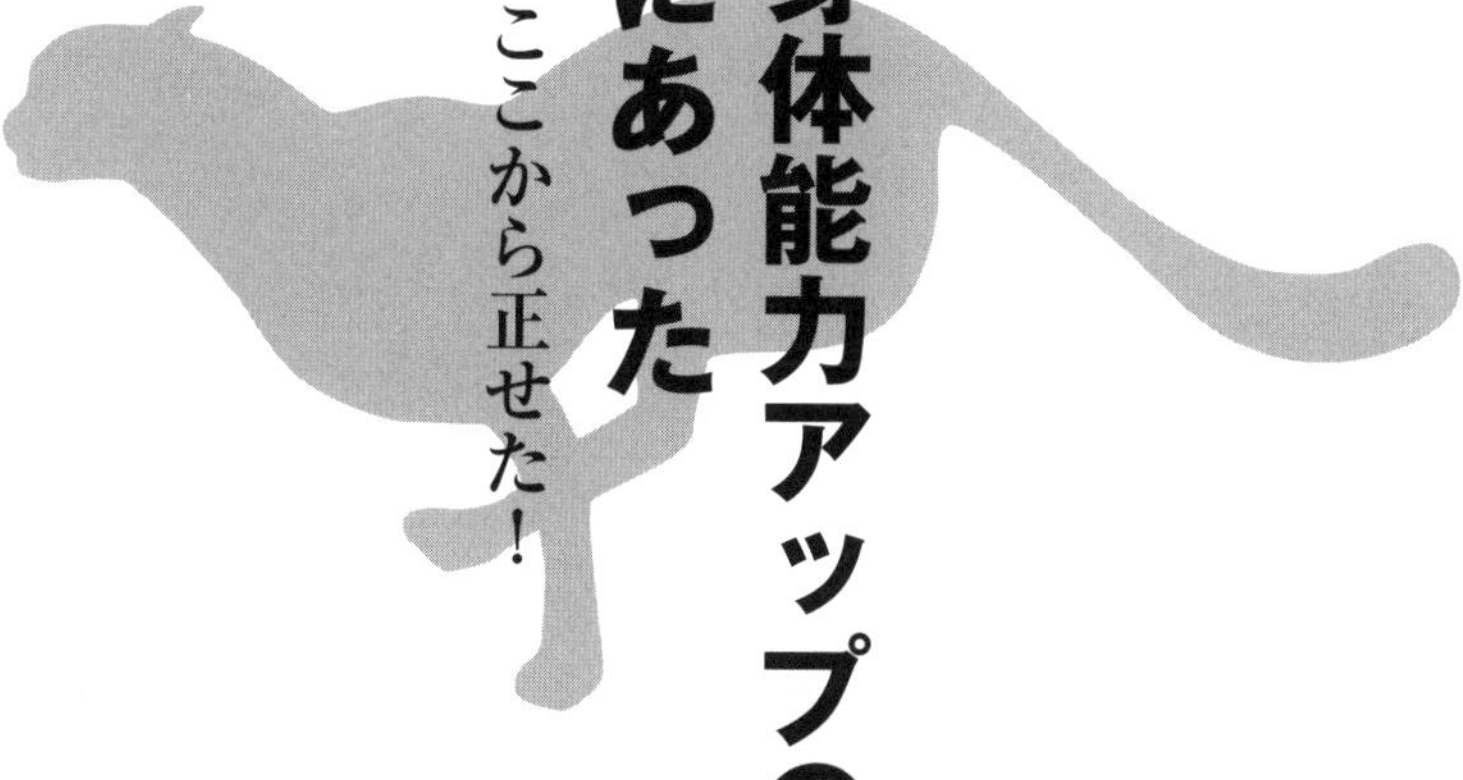

黒人選手と日本人選手の走り方はどこが違うのか

2章で姿勢や歩行の変化を体感していただけたと思います。

背が高くなったような感覚があるかもしれませんが、それが本来のあなたの重心位置なのです。

実際に高齢者がロコムーブを実践すると、身長が2～3センチ伸びる方も少なくありません。

姿勢は動ける身体にとって重要ですが、日本人の姿勢について興味深いエピソードがあるのでご紹介します。

私が過去に日本の実業団に所属するケニアの選手を担当していたときの話です。

彼は高校時代から日本に留学していましたが、その彼が日本に初めてやってきたときに、大きなカルチャーショックを受けたというのです。

高校に入学した直後、チームメイトとの練習の最中に日本人の走りを見て、「これは、とてもついていけない！」と驚いたのだそうです。

彼にとって、日本人の走り方は、わざと腰を落として走っているように見えたのです。時代劇でよく見るような忍者の走り方――極端にいえば、相撲のすり足のような足の運びのように感じられたそうです。

「足腰を鍛えるために、わざと腰を落として負荷をかけたフォームで練習しているのか」

そう早とちりをして、真似をしようとしたのですが、「脚がパンパンに張って全然ついていけなかった」と落ち込む日々だったといいます。ホームシックにもかかってしまい、監督さんも「今度のケニア人留学生はダメだったか」とがっかりしたほどでした。

しかし、あるとき「日本人は、わざと腰を落として走っているんじゃなくて、こういう走り方しかできないんだ」と気づくときがきます。そうして、本来の自分のフォームに戻して走ったら、もう誰にも負けないようになったといいます。

アフリカ人の走者はみな腰の位置が高く、背筋が真っすぐ伸びて、走る姿やリズムは日本人のそれとは大きく違います。

腰を落として走ると、関節が不必要に曲がってストライドも小さくなり、同じ距離を走るのに腰や脚の筋肉に大きな力が必要になってしまいます。スピードが出ないのは当然です。

このエピソードは、ロコムーブを構築する上で非常に参考になりました。テレビでもアフリカ人長距離勢の強さの秘訣としてハングリー精神が挙げられますが、根本的には〝骨格〟の違いが日本人との競技力の差となって表れているのだと感じました。

彼に「カンガルー」の動作を伝えると、しゃがんだ状態から立ち上がるときにジャンプをしてしまいます。それくらい骨格の違いから生まれるフォームが「出力」に大きな差を生み出すのです。

日本人と欧米人の歩行姿勢の違い

よく、欧米人に比べて日本人は、歩き方や姿勢が悪いなどといわれます。

いったいどこがどう違うのか、東京とニューヨークのビジネス街を歩く人の歩行動作を撮影してきたのでご覧ください（89ページ写真参照）。

「違い」に気づきましたか。

頭と腰とひざと足を線で結んでみましょう。この写真は、歩行中に片脚になる瞬間です。

日本人は着地脚に対して骨盤が後ろにあり「逆くの字」になっていますが、ニューヨーカーは頭から足まで真っすぐです。

一般的に年齢を重ねてくると、歩行中の着地脚のひざは伸びなくなってきます。

高齢者の方でひざが曲がったまま歩いている姿をよく見受けられると思います。また、若くても姿勢の悪い方の中には、立っている状態でもひざが伸びない人もいます。

ためしに、ひざを曲げたまま少し周囲を歩くか、ひざを曲げたまま立ってみてください。

太ももの前側がパンパンに張ってこないでしょうか？　**立ち脚のひざが曲がってしまうと、ひざだけでなく足や腰の筋肉に不必要な負担がかかってしまいます。**

では、なぜ日本人はこのような歩行動作になってしまうのでしょうか？

農耕民族や狩猟民族といった伝統的な生活習慣の違いからきているとの説もありますが、骨格的な違いでとくに注目されているのが、骨盤の位置と角度です。

日本人の骨盤は、後傾気味のバランスにあるといわれています。

骨盤の角度はさまざまな筋や関節のバランスによって影響を受けますが、**とくに**

日本人と欧米人の歩行フォームの違い

東　京

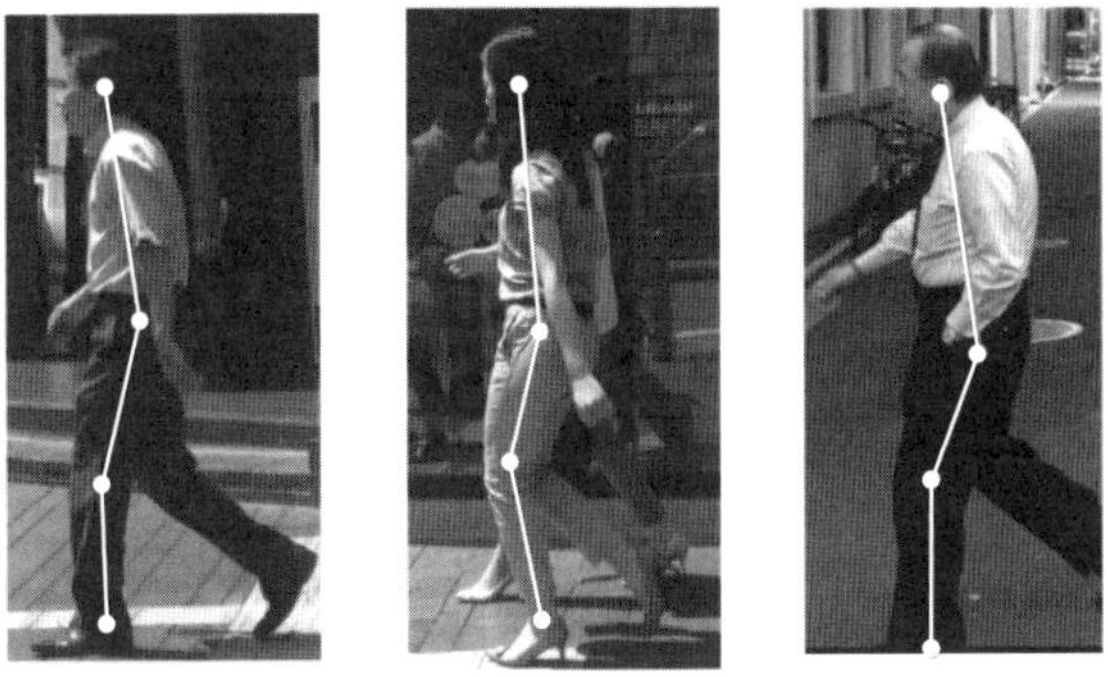

ニュー
ヨーク

日本人は歩行中、ひざが伸びずに着地点に対して腰が後ろにあることがわかる。着地脚のひざが曲がったままの歩き方は、足腰の筋肉に不必要な負担がかかってしまう。

日本人は、裏もものハムストリングスという筋肉が萎縮して硬い傾向にあるといわれています。

「ハムストリングス」は骨盤とすねの骨を結ぶ筋肉で、硬くなってしまうと骨盤を後下方へ引き下げ、ひざを曲げてしまいます。

そうなると重心がかなり後ろにかかり、倒れないようにバランスを取ろうとして頭が前に突き出たような姿勢になってしまいます。

頭というのは、約5キロとかなり重いものです。頭の位置が前にずれてしまうことで、それを支える首に大きな力が必要になり、筋肉（僧帽筋《そうぼうきん》上部）がひどく緊張してしまいます。

このように、**ハムストリングスの硬さと僧帽筋上部の硬さは互いに影響を与え合っています。**

とくにこの2つの筋の硬さは、肩こりや腰痛など日常生活にさまざまな悪影響を及ぼしてしまいます。

骨盤が後ろに傾くねこ背姿勢の原因は、裏もも「ハムストリングス」にあった

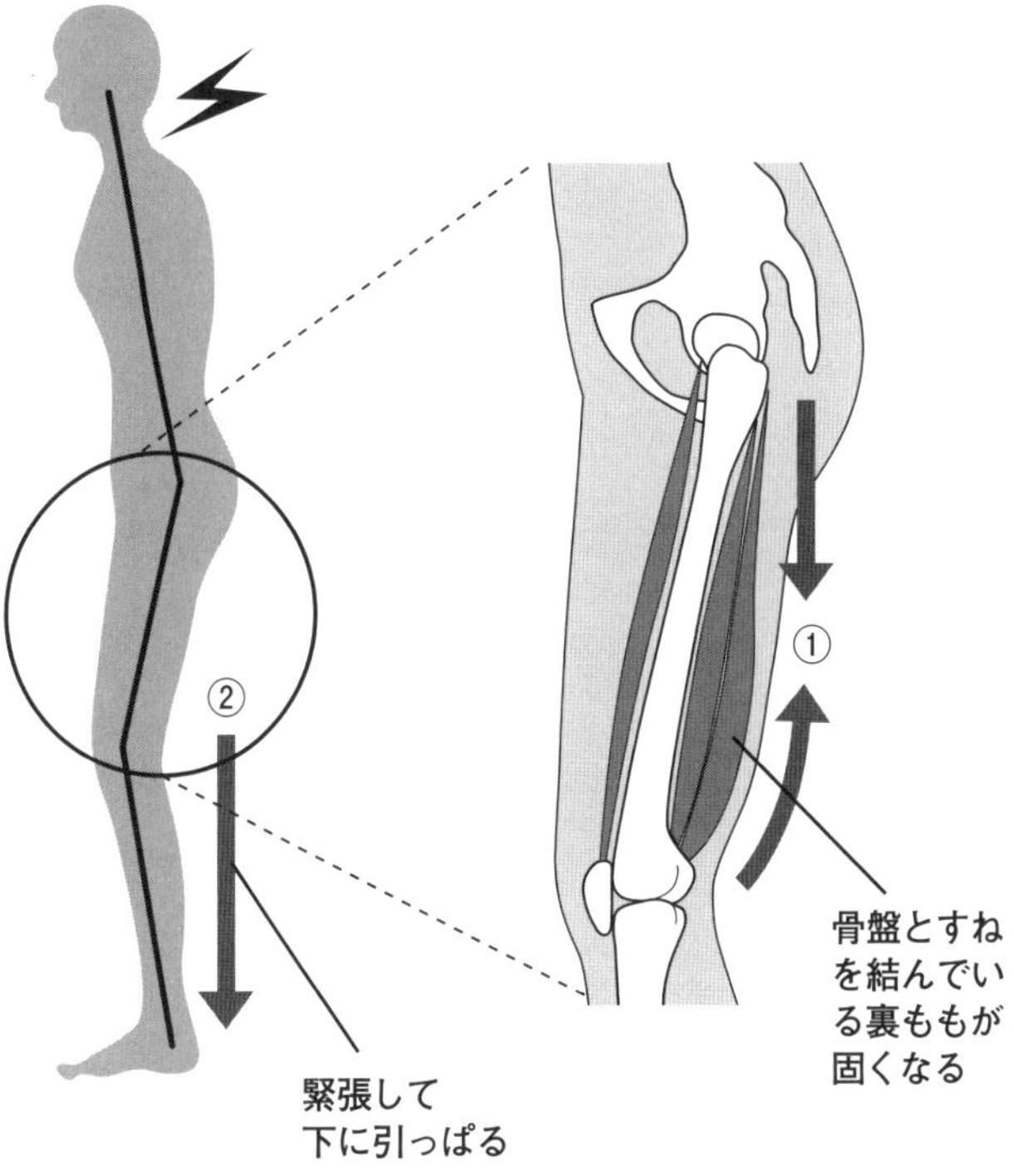

裏ももの筋肉「ハムストリングス」が委縮して硬くなると（①）、骨盤を後ろに引き下げ（②）、ひざが曲がってしまう。すると、重心を後方へ引っぱるので、そのバランスをとろうとして、自然と頭を前に突き出したねこ背姿勢になり、その影響で、頭を支える首の筋肉を緊張させる。

肩こりなどは一般的にはマッサージや整体、症状がひどい場合は薬を使って改善しようとする方もいます。

1章で紹介したように、ロコムーブはそれらの緊張やこりを外部から解決するのではなく、あなた自身が持っている身体の機能を用いて解決していくのが特徴です。硬く緊張してしまったハムストリングスの活動をオフにするには、骨盤を下に引き下げる動きとは逆の骨盤を上に引き上げる動きをする筋肉をオンにする必要があります。

ひじの曲げ伸ばしであれば、表と裏でオン・オフの関係は想像がつくと思いますが、ハムストリングスをオフにする筋肉とはどこなのでしょうか。

その部位が「広背筋」なのです。**広背筋の活動をオンにすることで、ハムストリングスの活動をオフにします。**

また、肩こりの筋である僧帽筋上部の緊張をオフにするには、肩をすくめ、丸めている動きとは逆の肩を開く動きをする筋肉をオンにする必要があります。

では、どこの筋活動をオンにすればいいのでしょうか。

これも、実は「広背筋」なのです。

広背筋は骨盤を引き上げ、肩を開くように身体を動かします。

広背筋は上肢と下肢を直接結ぶ唯一の筋肉であり、ひじの曲げ伸ばしのような単純なオン・オフ関係にありません。

ロコムーブは、身体の動きを大きく左右している**下肢にあるハムストリングス、上肢にある僧帽筋を別々にアプローチするのではなく、広背筋を活動させることで、2つの筋肉の柔軟性を一気に取り戻します。**

だからロコムーブは短時間で、たった一つの動きによって大きな効果を発揮することが可能なのです。

ロコムーブを初めて行った方は、この2つの筋肉にかなり邪魔をされてしまったのではないでしょうか。

動ける身体をつくるためにまず取り組むべきは、この2つの筋肉——「ハムストリングス」「上部僧帽筋」の柔軟性を高めることであり、それは日常生活で眠っている「広背筋」を呼び覚ますことといえます。

眠っている「広背筋」を呼び覚ませば、すべては一変する

最近、骨盤の重要性を説く本や情報が増えてきたようです。上半身と下半身の多くの筋肉は、骨盤に集約するように走行しています。

しかし、**骨盤だけで姿勢を調整しようとすると、腰を反らせすぎたり、不必要に腰をひねったりすることで痛みが出てしまう**方も少なくありません。

ロコムーブでは**広背筋の適正な活動を引き起こす結果として、自動的に骨盤を理想的な位置に配置します**。これらが実践編であなたが体験したメカニズムです。

一般的なトレーニング本や解剖学書でも、広背筋の上半身に対する作用については書かれていますが、下半身に関することはほとんど書かれていません。

そもそも広背筋は、背骨を伸ばす方向に働く筋肉です。

その筋肉の緊張をほぐすには、「広背筋」を活動させればいい

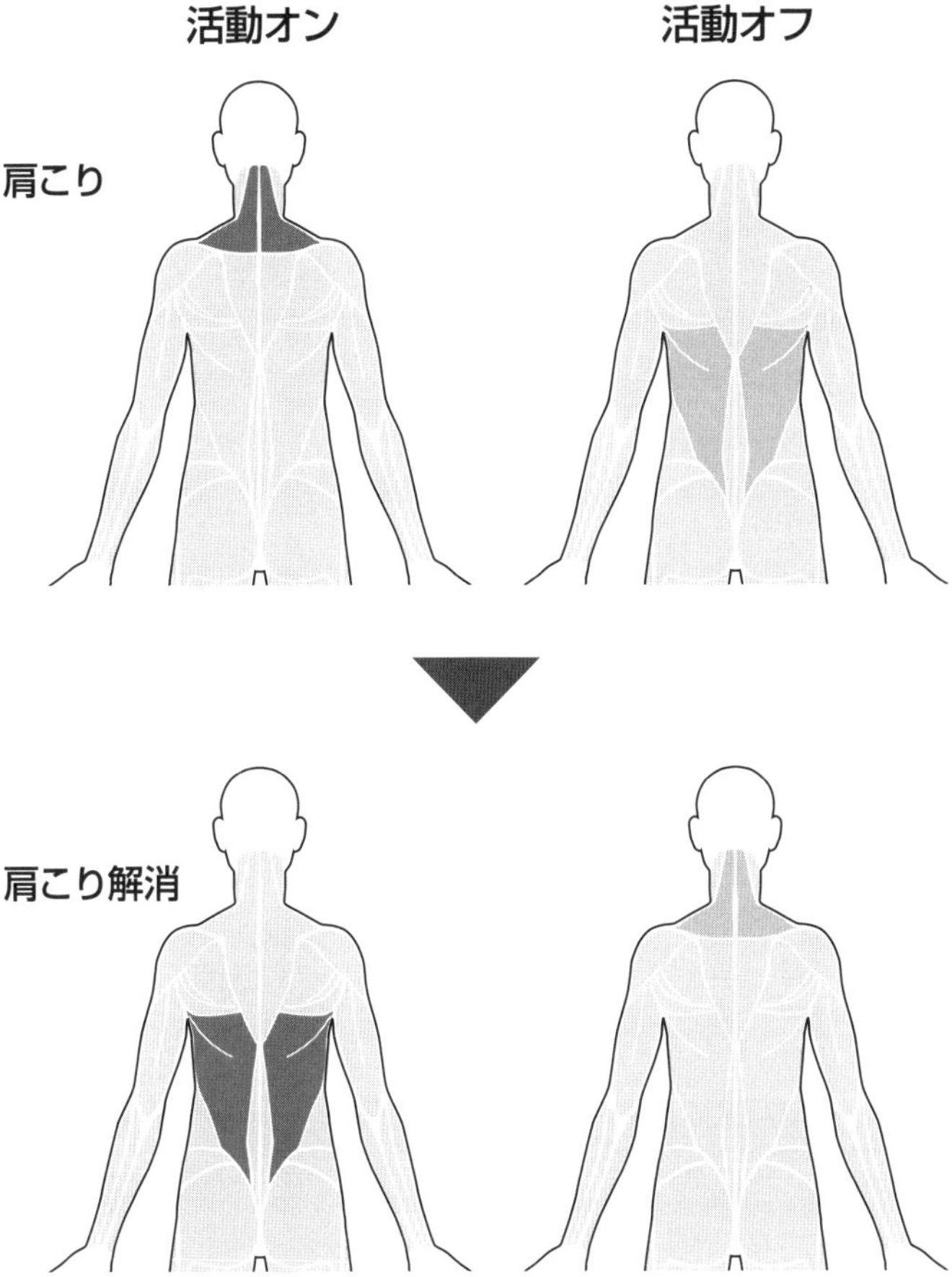

広背筋を活動させることによって、広背筋とオン―オフの関係にある肩こり筋「僧帽筋」の緊張を解くことができる。

広背筋を鍛える代表的なラットマシーン等でも腕にばかり注意がいってしまい、大切な座り方や脚の向きがおろそかになっている人が少なくありません。

しかし、広背筋を鍛える上でポピュラーな「懸垂《けんすい》」も、股関節と身体を丸めて、ひじの曲げ伸ばしになっている人ばかりです。

頭では広背筋を使っているつもりでも、実際に的確に活動させている人はほとんどいないのが現状です。

野生動物のようなしなやかな背骨の動きをとり戻す

ここで、本を置いて姿勢を正してみてください。

あなたが姿勢を正そうとしたとき、どこを正そうとしましたか?

肩甲骨のあたりにある背骨を伸ばそうとしたのではないでしょうか。もしくは腰をしっかり立てようとしたのではないでしょうか。

姿勢とは固定されたものという印象がありますが、背骨の動作だったのです。幼児も含め、人間は本能的によい姿勢、悪い姿勢、美しい姿勢、きたない姿勢を見分けています。

姿勢とは動くための準備動作ですから、よい姿勢とは、あらゆる方向へ動けるバランスをいいます。人間は誰から教わったわけでもないのに、非常に合理的な判断基準を先天的に持っています。

その姿勢づくりにおいて重要なポイントは、みなさんが正そうとした肩甲骨の間に存在する背骨＝胸椎と骨盤＝仙椎の動きです。

広背筋の活動は、その付着点から胸椎と骨盤を引き上げ、理想的な位置へ誘導してくれます。

ロコムーブでは、動ける身体のスタートとして、手足の動きではなく野生動物のようなしなやかな背骨の動きを手に入れることを第一目的としています。

一般的に運動というと手足の動きを連想してしまいますが、我々人間はほ乳類である前に、脊椎《せきつい》動物なのです。

そして脊椎動物は例外なく背骨（脊柱）の動きを動力源とした運動を行っています。私たちも**まず取り戻すべきはしなやかな背骨の動きであること**を強調しておきます。

広背筋が使えると、姿勢も歩き方も大きく変わる理由

広背筋を鍛える効用は、肩こりや腰痛の解消だけではありません。

私は高齢者の方々へのロコムーブ実施を通じて、歩き方にも大きな変化をもたらすことに気づきました。

それまで、小股でチョコチョコ歩きに近い状態だった人が、歩幅が自然と10センチほど広がり、例外なく歩くスピードが速くなったのです。また、身長が2～3センチ伸びる方も多くいました。もちろん、姿勢もよくなって足腰の痛みが少なくなったとおっしゃる方も少なくありません。

胸椎と仙椎の位置は一気に正せる

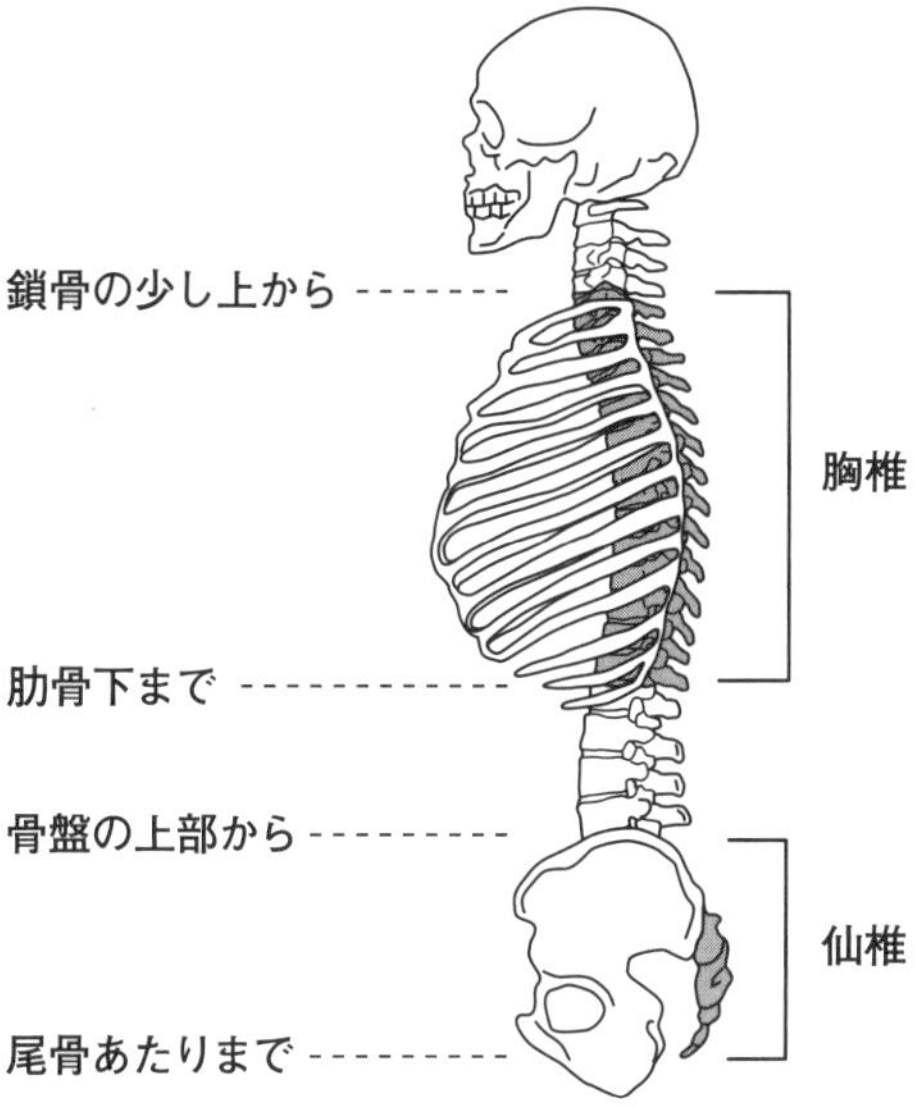

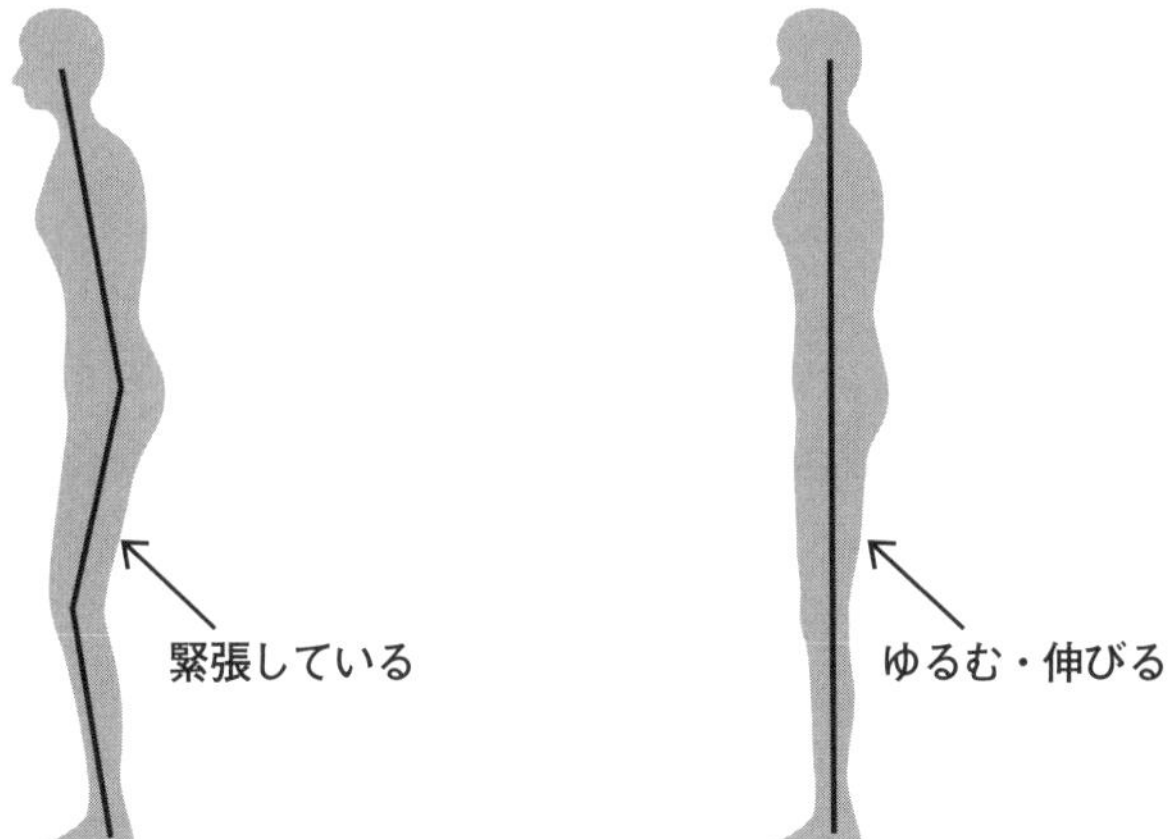

広背筋を使うと、自然と背骨（胸椎）が伸び、骨盤（仙椎）が立つ作用が働く。

先ほど紹介したように、歩くという動作において、広背筋ともものの裏にあるハムストリングスという筋肉群とは、オン・オフの関係にあるからです。

ハムストリングスの柔軟性が高まり、骨盤の動きの制限が解除されれば、骨盤は広背筋の作用で前上方へと配置されます。

そうすると、立ち脚の重心位置が高くなり、自然と地面を押す力が増し、重心移動は非常にスムーズになります。

歩くという動作は、どうしても「足を交互に出すこと」という先入観がありますが、立ち脚がしっかり地面を押さえなければ、いくらももを上げても体は前に進みませんし、足は上がりません。

ハムストリングスが硬化の強い人がももを高く上げてしまうと、骨盤が後傾して重心は後ろに動いてしまいます。

これが、高齢者の転倒の一因といえます。

ももは「上げる」のではなく、「上がる」という状態が理想的です。

これは脚の速さを求めるアスリートにもいえます。

速く走るとは、手足を素早く動かすことだと思っている人が多いですが、実はしっかり地面を押せる骨格バランスをつくることが最優先なのです。

歩幅が勝手に広がるから、歩くのが速くなる

ロコムーブの実践後に歩幅が大きくなったかもしれませんが、それが本来のあなたの歩幅です。年齢を重ねていくにしたがって歩数は増えますが、歩幅は小さくなります。

つまり、小刻みに歩くようになっていくのです。

東京都健康長寿医療センター研究所の研究発表によりますと、年齢や一人暮らし、血液中の赤血球数の少なさ、低コレステロールなどが、認知機能の低下と関係していたのですが、中でも、とくに関連が深かったのが、歩幅の狭さだったとの報告がありました。

ただし、ここで勘違いしてほしくないのは、脚を大きく出して無理やり歩幅を伸ばそうとすることとは全く違うということです。

「大股で歩けばいいのか」と考えている人もいるかもしれませんが、脚だけ前に出しても肝心の体は残ったままなので、これでは歩き続けることはできません。

では、歩幅を自然に広げるには、どうしたらいいのでしょうか？

それは、重心位置を高くすることです。

歩行とは骨盤を支点とした振り子のような動きになっています。

重心位置と着地点が半径となりますので、**重心位置が高くなれば、必然的に歩幅は大きくなります**。

歩幅が無理なく10センチでも大きくなったら、見た目にはゆったりとした余裕のある堂々とした動きに見えるでしょう。

トレーニングに熟練してくると、**ゆったりと動いているにも関わらず、歩行速度が高まります**。

また、自然に生まれる歩幅の拡大は、周囲を見渡す余裕を生みます。

歩行中に考える時間もできるので、アイデアがたくさん生まれるようになったという声もたくさん聞きます。

哲学の分野でも、古代ギリシアの「逍遥《しょうよう》哲学」（歩きながら対話を行う）や、京都の「哲学の道」という散歩道に代表されるように、**思考と歩きは切っても切れない関係にある**のかもしれません。

速く走るために「広背筋」を鍛える時代へ

ここ20〜30年間、医学界や陸上競技の指導者が集まるスプリント学会では、さまざまな筋肉が注目されてきました。速く走るためには、どの筋肉をどう鍛えればよいのか、というのがその目的です。

１９８０年代に注目されたのは、ふくらはぎの筋肉です。走るためのパワーの源として、ここが最重要だと考えたのです。１９９０年代になると、裏もものハムストリングスやお尻の筋肉が重要視されるようになりました。

そして、現在は「腸腰筋《ちょうようきん》」に注目が集まっています。腰椎《ようつい》（背骨のうちの腰の部分）と大腿骨《だいたいこつ》を結ぶ「ももを上げるための筋肉」です。書店に行くと、腸腰筋を鍛えることをうたった本が数多く並んでいます。

おもしろいことに、だんだん下から上に向かっていることがわかります。

つまり、昔は走るために脚の筋肉を鍛えればよいという単純な発想だったのが、徐々に腰から上半身の重要性も考えられるようになってきたというわけです。

腸腰筋ブームにより、脚上げ腹筋やもも上げの練習が多くなってきました。しかし、ももがいくら高く上がっても速く走ることはできません。

専門家の注目は、ふくらはぎ、ハムストリングス、腸腰筋と、各々の関節の連動性に着目されるようになってきました。それもそのはずで、身体で分離された部位は一つもありません。私は近い将来、人体で唯一、上肢と下肢を直接結ぶ広背筋が注目されるのではないかと考えています。

4章

究極の動きで、さらに身体機能を高める

――「ホースキック」

3章では広背筋の知られざる機能について紹介しました。

そのメカニズムに基づいたロコムーブの基本3種目は、あくまで基礎編であり、両腕両脚が左右対称の動作でした。

しかし、人間を含め動物の動作の基本原則は、片側ずつ交互に動くということです。

筋肉も、実は背骨を中心として、右と左に分かれています。広背筋もその例外ではありません。

広背筋を縮めたり伸ばしたりするためには、左右片側ずつ動かさなくてはなりません。その動きは、結果として野生動物のような動きにより近づいていきます。

この章ではロコムーブの発展系種目として「ホースキック」という種目をお伝えしますが、ロコムーブの核となる基本3種目の動作「フェニックス」「カンガルー」「チーター」を習熟し、無理なくできるようになってから行ってください。

究極のロコムーブ「ホースキック」を行う前に

「ホースキック」を行う前に、あなたの体の左右差を調べてみることにしましょう。というのも、**左右差から生じる身体のケガや痛みは少なくない**からです。

肩や腰が痛くなるのも骨折も、すべて右側ばかり……といった話はよく聞きます。みなさんも、過去のケガは、どちらかに偏って発生していないでしょうか。

痛みやこりは左右均等に出ることはあまりありません。

では、自分の左右差を簡単にテストしてみましょう。

左右差チェック　目を閉じて足踏みしましょう

周囲1メートルほどに障害物がない場所を選び、目を閉じて30秒間その場で足踏みをしてください（音楽がかかっていたら止めて、方向がわからないようにしましょう）。

ペアで行うと時間が正確に計れますし、万一障害物にぶつかりそうになったら、止めることができるのでベターです。

いかがでしたか？

終わってみて、元の位置で元の方向のままという人は、それほど多くないでしょう。たいていの人は、右か左に曲がってしまったはずです。

このとき右に曲がった人は、右側の広背筋が硬くなっている可能性があります。左に曲がった人は、左側の広背筋が硬くなっている可能性があります。

広背筋が背中の広い範囲を覆っていることは、すでに2章で述べた通りです。そして、広背筋も背骨を中心にして左右で独立して動くことが自然な動きです。

さらに、ここが重要な点ですが、左右の広背筋はお互いが「拮抗筋《きっこうきん》」の関係にあります。

わかりやすくいえば、右の広背筋をオンにすれば、左の広背筋がオフになる。左の広背筋をオンにすれば、右の広背筋がオフになるという関係があるのです。

身体の左右差と集中力の関係

誰にでも多少の左右差はあるものです。もちろん、それが一定レベル以下なら全く問題なく日常生活を送ることができます。しかし、それが限度を超えてしまうと、あちこちにしわ寄せが出てしまうのです。

私がとくに重視しているのは、**首の筋肉の左右差**です。これが極端になると、首が傾いてきます。

そうなると**集中力が弱まります**。

事実、猿の調教の世界では、両目が水平の位置にないと学習効率が落ちるというのは「常識」になっているといいます。そのために、猿を調教するときには、まず直立不動で両目を水平にさせることを仕込むのだそうです。

猿と人間を一緒にするのは少し乱暴な考えですが、**集中力が落ちてくると自然に首が左右に傾いてくる**という経験は、どなたにもあるでしょう。

私も講演をしていると、よく首を傾けて話を聞いている方がいらっしゃいますが、話を聞いていただけているのか少し不安になります。

左右の目が水平の状態になっているか否かは、学習効率には大きな関係があると私は考えています。

とくに、学習段階にある子どもの場合には、もっと注目していい事柄です。「うちの子はなんで集中できないんだ」と親御さんが悩む前に、左右の筋肉のバランスをとることを考えてみてもいいかもしれません。

「片翼のフェニックス」でアンバランスを修正する

「ホースキック」は、まさに左右のアンバランスの修正に大きな効果をもたらす動きです。

ただ、運動不足の人や左右のアンバランスがひどい人が、いきなり実践するのは難しいので、その前にウォーミングアップをしておきましょう。

それが「片翼のフェニックス」です。

２章で紹介した「フェニックス」は、左右の胸をグッと広げるものでした。それに対して、これから行う「片翼のフェニックス」は、左か右のどちらかの腕だけを広げます。

どちらの腕を広げるかは、先ほどの足踏みの結果に基づきます。

右に向いていった人（右の広背筋が硬い人）は、左腕を上げるフェニックスをします。左の広背筋をオンにすることで、右の広背筋をゆるめるためです。

逆に、左に向いていった人（左の広背筋が硬い人）は、右腕を上げるフェニックスをしてください。

このとき、広げないほうの手の指で、広げるほうの肩や鎖骨を開きながらその方

硬いほうの広背筋をゆるめる「片翼のフェニックス」のやり方

右側の広背筋が硬い人（30 秒足踏みで右に曲がった人）は左腕を上げるフェニックスを、左側の広背筋が硬い人（左に曲がった人）は右腕を上げるフェニックスを行う。
その際に、上げた腕側の足を 45 度くらい内に入れる。左右差のない人も、交互にやってみましょう。

向へ体をひねると、さらに効果的です。

ホースキック

「ホースキック」は、ロコムーブの応用種目ですが、ここでいう「応用」の意味は、動物本来の動作により近づくということです。

繰り返しますが、人間をはじめ、動物は両脚をついて動くことはほとんどありません。

人間の基本動作の一つである「歩行」を例にとっても、必ず右足、左足、右腕、左腕が交互に入れ替わります。

ゴルフなども両脚が地面についていますが、その荷重は左右均等ではありません。スウィングの中でも軸脚が左右で入れ替わります。

ボールを遠くに投げたい場合も、いくら腕力があっても両脚を地面につけたままでは遠くに投げられません。

あらゆる動作は、片脚から他方の片脚へ移動する「重心移動の力」を利用しているのです。

両脚から片脚への移動は、非常に不安定なバランスといえます。

しかし、この不安定さこそ力を生む要因なのです。

安定した状態から不安定な状態へとバランス変化する能力こそ、本来のバランス能力といえます。

少し脱線しましたが、「ホースキック」という種目は、言葉通り、馬が脚を大きく後方へ蹴り上げるイメージで、上半身と下半身を連動させて動かします。

とくに腕を台または地面について身体を支えるので、下半身が身体を支える役割から解放され、動きの自由度を広げます。

一見、複雑に見えますが、根源的な動作バランスを習得する上で必須の種目です。

焦らずに何度も挑戦してみてください。

ホースキックのやり方

①　先ほどの足踏みで右を向いてしまった方は、左手を熊手《くまで》にして地面に手をつきます。反対の左脚は浮かせて、右脚を立ち脚とします（左を向いてしまった方はこの逆になります）。

②　浮かせた左脚を胸に寄せ、右腕は高く後方に振り上げます。

③　左脚をボンと後方に高く蹴り上げると同時に、右腕を振り子のようにぶら下げてブーンと左斜め前方に伸ばします。

※このとき、右脚の立ち脚の股関節～ひざ～足関節は地面に対して真っすぐです。

④　蹴り上げ脚の外のくるぶしがクイッと前方に向くように内にひねりながら動作します。伸ばした右腕はできるだけ遠くへリーチして伸ばします。

①～④を5回行います。

※立ち脚のハムストリングスと内ももに伸張感があればＯＫです。

ホースキック

広背筋の「最大限収縮・最大限伸長」を目的として、片側ずつ活動させる応用編

※きつく感じた人は「プレ・ホースキック」

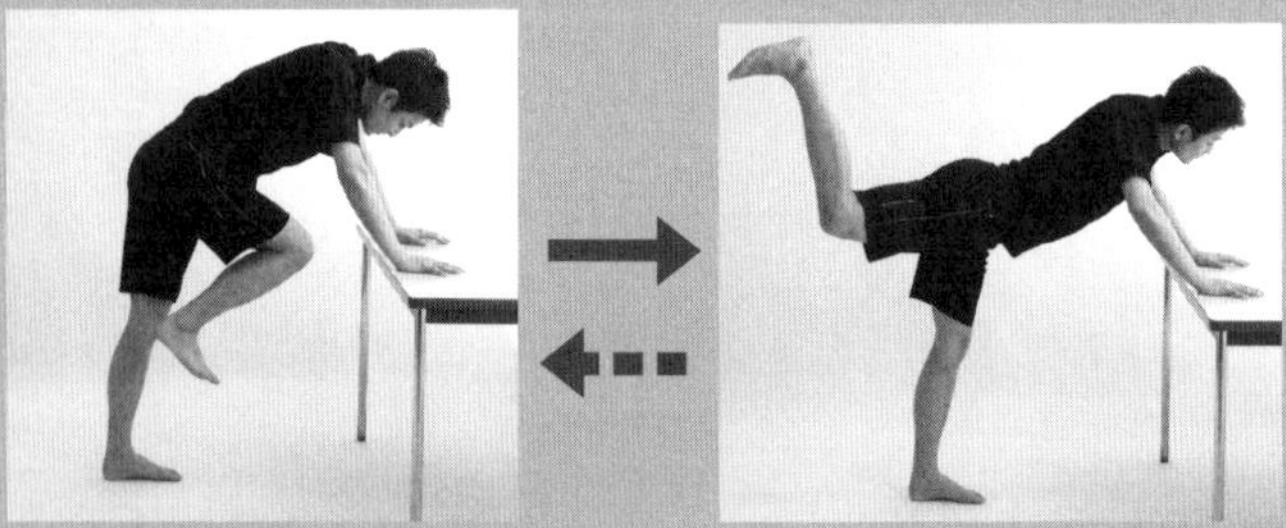

両手を台につき、片足立ちになって、浮かせた脚を胸に引きつけたあと、後ろに高く蹴り上げる

上記ができるようになったら、脚を蹴り上げると同時に腕をななめ前方へ

どちらかの脚を軸にしたら、その反対の手を熊手にしてつく

浮かせた脚を後ろに高く蹴り上げると同時に、振り子のように、腕をブーンとななめ前方へ振り出す

このとき、蹴り上げる脚は外に向く（がに股）のでなく股関節を中心に内にひねること

（5回×3セット）

NG 振り出す腕が外側へずれる

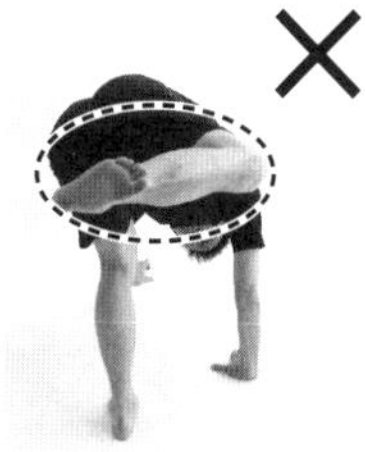

NG がに股で外に開いている（股関節を中心に内旋するのが正しいやり方）

ホースキックのチェックポイント

・○背筋がまっすぐで骨盤が前傾している　×猫背になっている
・○立ち脚の股関節〜ひざ〜足関節が地面に対して垂直　×立ち脚が真っすぐではない
・○振り上げ脚の外くるぶしが前を向いている　×振り上げ足ががに股で開いている
・○振り出した腕が内側へ大きく弧を描いている　×外側に外れている

「ホースキック」で地面に手をつくだけできつく感じた人は、次にご紹介するテーブルに手をついて行う「プレ・ホースキック」から始めましょう。

①　テーブルに両手をつきます。

②　左右どちらか片脚になります。
③　浮かせた脚のひざは力を抜き、軽く曲げます。
④　浮かせた脚を胸につけるようにしたあとに、グイーンと大きく後方に蹴り上げます。
⑤　蹴り上げ脚の外のくるぶしがクイッと前方に向くようにします。
①〜⑤を左右5回ずつ2セット行います。
※立ち脚の裏もも〜ふくらはぎが伸ばされる感じがあるでしょう。
※できれば蹴り上げた太ももと背中が一直線になることが望ましいです。

ホースキックの効果

ホースキックがなぜ究極のロコムーブかというと、広背筋を最大限収縮させて最大限伸張させるには、片側ずつ活動させることが必須だからです。

当然、動作はフェニックス・カンガルー・チーターよりも複雑にはなりますが、その分、できるようになってきたら効果が出る時間が大幅に短くなります。

非常に時間対効果の高い種目といえます。

とはいえ、日頃から運動の経験が少ない人が、いきなりホースキックを実践するのは容易ではありません。運動に慣れている人でも、すぐにできるものではありません。繰り返しになりますが、あくまでも応用種目ですので、ロコムーブの基礎3種目をマスターしてから行ってください。

5章

動きにキレがでるトレーニング、鈍くなるトレーニング

――まず鍛えるべきは「屈筋」ではなく「伸筋」だった

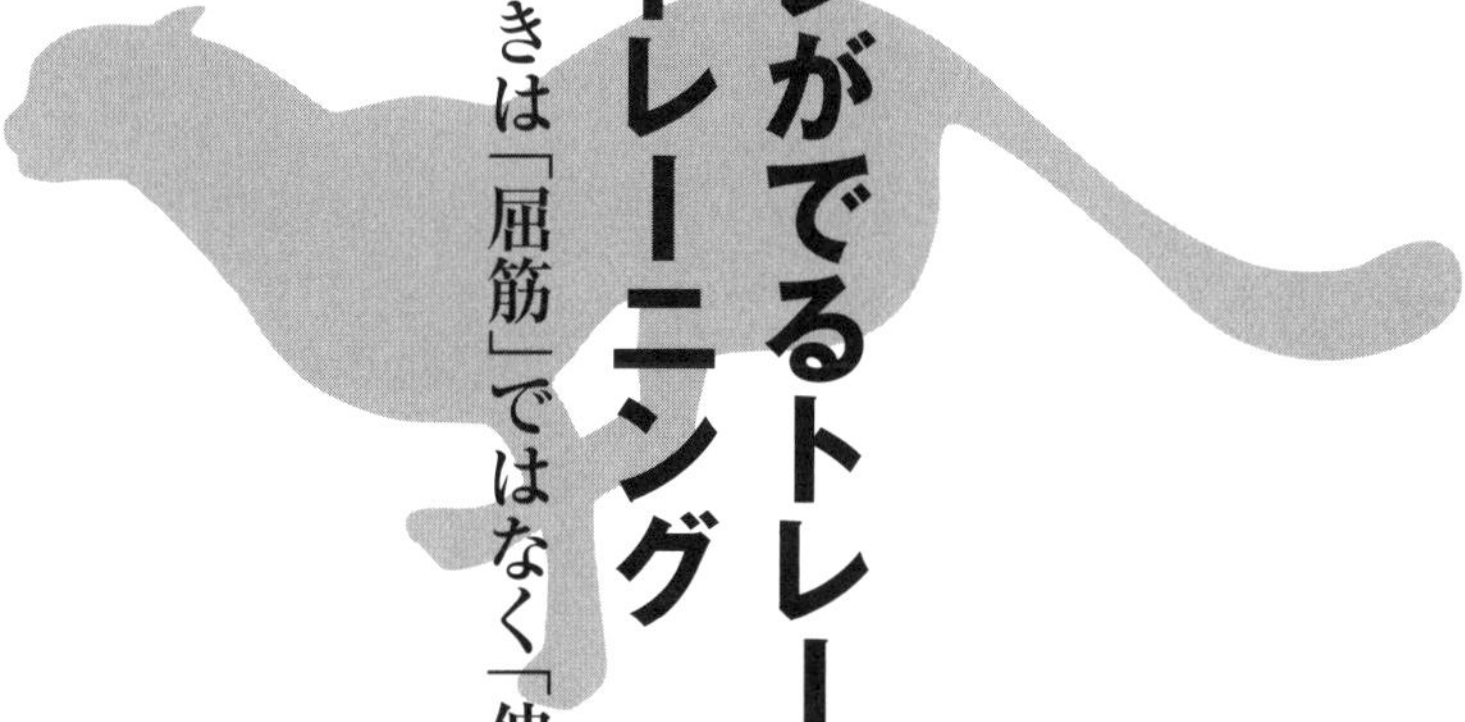

腹筋運動ではお腹は凹まない

体にいいことをしているつもりでも、実はあまり意味がなかったということがよくあります。時には、体にとって逆効果であることさえあります。

かつては、運動部のトレーニングというと、足腰を鍛えるトレーニングとして、うさぎ跳びが定番でした。今ではひざへの過剰な負担が問題視され、あまり行われていません。

そして、のどが渇いても水を飲んではいけないとされていました。今では、それらは非科学的だということで排除されています。

しかし、目的に対して逆効果になりうるトレーニングはまだまだ残されています。その代表的なものが、意外に思われるかもしれませんが腹筋運動です。

体幹を鍛えたい、お腹をへこませたい、腹筋を割りたいといった目的のために取り組まれる最もポピュラーな種目の一つです。

実際、あらゆるスポーツのトレーニング現場でも腹筋運動を基礎トレーニングとして取り組んでいます。しかし、私のお客様には一般的な腹筋運動は一切行っていません。

腹筋は内臓を外的衝撃から保護したり、身体を支えたり、呼吸や排便排尿に関わるとても重要な筋肉です。腹筋が不必要というのではなく、あお向けに寝て、上半身を起こしたり寝かせたりする運動方法に疑問を持たざるを得ないのです。

そもそも筋肉（骨格筋）は骨を動かすためにあります。筋肉を鍛えることで骨を適切に動かして、立ったり歩いたり、ものをつかんだりといった、あらゆる行動をスムーズにできるようにするわけです。

そして、骨を動かす筋肉には大きく2種類あります。それは関節を曲げるための筋肉（屈筋）と、関節を伸ばすための筋肉（伸筋）です。

腹筋運動で鍛えられる腹直筋は、このうちの「屈筋」に属します。

腹直筋は骨盤と肋骨をつなぐ筋肉であるため、この筋肉が収縮すれば背骨が丸くなることが想像できるでしょう。

腹直筋を鍛えるということは、背中を丸くする力をつけているということなのです。

これまであなたが取り組んだロコムーブは、すべて背中やお尻、裏ももなど身体の後面に存在する関節を伸ばす伸筋群だったのです。そして背筋が無理なく伸びやすくなったことは体験していただけたでしょう。

では、背骨を曲げる筋肉と伸ばす筋肉のどちらを鍛えるのが、本書のテーマである動きやすい身体につながるか、もうおわかりでしょう。

背骨を伸ばしたほうが姿勢がよくなり、重心位置が高く、前へ変化することで歩きがスムーズになります。**鍛えるべきは関節を曲げる「屈筋」ではなく、関節を伸ばす「伸筋」なのです。**

加齢とともに曲がっていく関節を伸ばす

腹筋運動は、背骨を曲げる力を鍛えることがわかりました。

でも、よく考えてみてください。背骨は年をとれば誰だって曲がってきます。もともと曲がっていくものに対して、わざわざ曲げるトレーニングをしてもメリットはないのではないでしょうか。

背骨だけではありません。股関節もひざ関節も首の関節も、老化にしたがって曲がっていきます。

老化とは一言でいうと、関節が曲がっていく現象ともいえます。だからこそ、高齢者は背が低くなっていくわけです。

逆にいえば、**アンチエイジングをしようと思えば、曲がっていく関節を伸ばしていくことを優先すべきです。**

では、なぜ世の中の人たちの多くは腹筋運動をしたがるのでしょうか。それはおそらく、目に見えて手で触れられる筋肉だからです。

それに対して、背筋というのは鏡を使っても確認はできません。効果がすぐに確認できないところについては、人間はなかなか努力できないものです。

もちろん腹筋も大切な筋肉には違いありません。お腹回りというのは肋骨のような骨がないため、内臓を保護する意味で腹筋が果たす役割はとても大きいのです。

腹筋と一口にいっても、腹斜筋、腹横筋、骨盤底筋などさまざまな筋肉が連動して腹部の保護や体幹の安定に機能しています。これらの腹筋群全体が働くためには腹筋運動のような背中を丸める動作ではなく、背筋をしっかり伸ばす動作が必要になります。

アスリートのウエイトトレーニングで「背筋をしっかり伸ばせ」と注意されるのは、腹圧を高める意味があります。

つまり、腹筋本来の役割を果たすためには、背筋群の働きが必要不可欠なのです。

腹筋は縮める力よりも、むしろ柔軟に伸びる腹筋をつくることのほうが、動ける

身体を手に入れるためには重要なのです。

なぜ、「伸筋」が動きやすい身体をつくるのか

なぜ、動ける身体を手に入れるために、関節を伸ばす働きを持つ伸筋が重要なのでしょうか?

動ける身体というと、腕や脚のダイナミックな動き、素早いキレのある動き、大きな関節の可動域といったことをイメージするかもしれません。

もちろん、それらは求めたいものではありますが、人間を含め、動物が動くためには前提として地面に力を加えなくてはなりません。

立つことも歩くことも、基本的に地面をしっかり押さえることで初めて成り立つ動作なのです。

そしてここが大切なところなのですが、**地面など自分の身体の外に向かって力を**

発揮するためには、関節を伸ばさなくてはならないのです。

たとえば、ボールを投げるという動作でも同じです、ボールに力を加えるためには肩、ひじ、指と関節を伸ばさなくてはなりません。

自分の外側に向かって力を発揮することを「外的パワー」といいます。

つまり、関節を伸ばす伸筋を鍛えることは、地面などへの出力が高まるので動きにキレが出たり、軽快さへとつながるのです。

そして、**関節を伸ばす伸筋はほとんど、身体の「後面」に存在します。**

しかし、**世の中の基本とされるトレーニングのほとんどが、身体の「前面」にある屈筋を鍛えるものばかりなのです。**

前述した腹筋運動も、腕立て伏せやダンベルカールも、アスリートが大好きなベンチプレスも、胸や力こぶの筋肉などの身体の前面の筋肉を鍛えるものです。

これらは基本的なトレーニングとして部活動やトレーニング本の中でよく登場します。しかし、何をもって基本なのかという説明は聞いたことがありません。

なぜ、基本トレーニングが身体の前面を鍛える種目に偏るのか——それは、

①　身体の前にある部位は、目に見えるから動作を意識しやすい。
②　後ろは目に見えないから意識しづらい。
③　①と関連しますが、自分の筋肉の発達具合を鏡で確認したい。
④　昔から、そう教えられてきたから

などの理由が挙げられます。

誤解がないように申し上げますが、何も屈筋が全く不要だというのではありません。屈筋は物を食べようとしたり、ストップ動作や関節の保護をしたりと重要な役割を果たしています。

しかし、本書のテーマである「動ける身体を手に入れる」という観点からすると、伸筋をバランスよく鍛えることこそ、地球上で生活する私たちにとって基本といえるのではないでしょうか。

目に見えない部位を鍛えることは非常に困難ですが、的確に鍛えられれば飛躍的に身体バランスは向上するでしょう。

そのためには、今まで当たり前のように行ってきたトレーニング動作をもう一度点検してみることをおすすめします。

「スクワット」はひざ関節ではなく股関節の屈伸が効果的

老化は足腰からくるといわれているので、「スクワット」を行う人も少なくありません。

その形態として「ひざ関節の屈伸」をメインとしたスクワットをしている人が数多くいます。残念ながら、そのような形態のスクワットではアンチエイジングに効果的とはいいがたいのです。

たとえば、歩く動作を考えてみてください。

前にもお話ししましたが、大切なのは、身体の中心部から末端に力が伝えられることです。つまり、**股関節、ひざ関節、足関節の順番に力が伝わることで、スムーズな動きができるのです。**

最初に股関節が伸び、次にひざ関節が伸び、最後に足関節が伸びるという順番です。

しかし股関節は自分の目で見えないので、目に見えるひざ関節を中心に動かしてしまいやすいのです。

目に見えない部位を動かすのは、感覚では限界があります。解剖学・運動学的な視点に基づいた使い方を知る必要があります。

股関節の屈伸の可動域が広がることは、つまずきによる転倒防止や、腰痛予防などアンチエイジングに効果的です。

「バランスボール」ではバランス感覚は養えない

不安定なバランスボールの上でバランス感覚を身につけるというトレーニングがあります。しかし、バランスボールでは止まるためのバランスは身につきますが、動くためのバランスは身につきにくいのです。歩いているときも、ほとんどが片脚のバランスです。また走るときは、両脚が地面から離れる瞬間が生まれます。

つまり動物は自ら不安定なバランスをつくることで身体を動かしているのです。

バランスボールというのは、これとは逆のプロセスをたどります。

バランスボールによるトレーニングというのは、「不安定なものの上に、自分を固定させる技術」を求めるものです。

つまり、バランスボールでは「不安定→安定」が求められるバランスで、動物である私たちには「安定→不安定」というバランスが重要なのです。

どちらもバランスと表現しますが、内容は全く異なっています。

これまで「伸筋」の重要性を述べてきましたが、実際にバランスボールに乗ってみるとわかるように、自分を固定させようとすると、腹筋や胸、力こぶの筋肉である逆の「屈筋」が強く活動します。

たとえば、プールサイドで不意に後ろから押されると、一瞬、不安定な状態になります。そこでプールに落ちないように自分を固定しようと、私たちは屈筋に力を入れてブレーキをかけるのです。

クッション性の高いシューズを選んでいませんか

動ける身体を得る上で「シューズ選び」も非常に大切です。

なぜなら、身体は土台であるシューズの形状に合ったバランスで適応しようとするからです。

たとえばハイヒールなどのかかとの高いシューズをはくと、身体はどのようなバランスになるでしょう？

つま先よりかかとの高いシューズは、ちょうど下り坂の上で立つバランスと同じです。下り坂では前に倒れそうになる力が生まれるので、そのバランスをとろうとして身体は後傾します。

ですからハイヒールをはいている女性を観察すると、異常に腰骨が反っている方や、ひざが曲がり頭が前へ突き出た姿勢になっていると思います。当然、腰やひざへの負担は増大し、痛みや故障で悩まれる方は少なくありません。

さらに初心者用のランニングシューズは、身体を保護するという名目でフカフカのクッション性の強いシューズが置いてあります。

人間は柔らかいものの上に立つと安定した支え点を失うため、先ほどの「バランスボール」のように、支え点を求めて筋肉が過緊張してしまいます。

ソファやベッドで歩いたりロコムーブの動作を行おうとしてみるとわかりますが、土台が不安定で筋肉が過緊張してしまい、非常にやりづらいです。

このようなシューズでウォーキングやジョギングをするとカロリー消費量が増し、ダイエット効果があるという宣伝文句があります。

たしかに、フワフワした靴をはいていればクタクタに疲れますが、総合的な運動量は少なくなりダイエットにつながりません。

しかも、そのクッションが衝撃を吸収すると、足の筋肉が過緊張する重大な問題を引き起こします。

衝撃があるからこそ、その反動で足の筋肉が伸ばされて、自然に次の一歩を踏み出すことができるのです。その衝撃が吸収されると、筋肉が伸びるタイミングを失うので常に力を入れなければなりません。

砂浜でのランニングがきついのも、筋肉がゆるむ時間がなく、ずっと緊張しているからにほかなりません。

さらに厄介《やっかい》なのは、**筋肉が過緊張すると血流障害が起こる**ことです。筋肉がずっと緊張しているために、筋肉内の血管が圧迫されてしまいます。

スポーツの世界でもこのようなシューズを導入する人がいますが、そのうちに問題が出てくるのではないかと私は思っています。このように、どんなに良い動作であってもシューズのソール次第で、その運動効果は大きく変わってきてしまうのです。

トレーニングというプロセスが、苦しければ苦しいほど、自分の身になっていると思うのは大きな誤解です。

成果の判断基準は、いい結果が出せるか出せないか、しかありません。それによって、プロセスの良し悪しを判断すべきでしょう。

それなのに、つらいことに耐えて頑張ったから価値があると考えるのは、単に前時代的なだけでなく、身体にとっても非常に危険な考え方ではないでしょうか。

「筋肉が活動するほうが効果的」の誤解

意外に知られていませんが、歩行中や立っているときの筋電図をとると、高齢者は若い人よりも過剰に筋肉が緊張しています。**実は、高齢者のほうが筋活動しているのです。**

穏やかな表情をしていても、身体全体は力んで硬くなっているのです。必ずしも精神的なリラックスと身体的なリラックスは一致しません。

よく筋電図データを用いて、筋肉が過剰に活動することによるダイエット効果を宣伝文句にして販売しているシューズやグッズがありますが、筋電図の持続的な波形は筋肉の緊張、つまり力みを表現しているので血流障害やこりを招きかねません。

理想は短い筋活動で大きなパフォーマンスを発揮していくことです。

身体的なリラックスを得るためには、ロコムーブスタンスのような立ち方――力学的に最も安定した位置に骨格が配置されていなければなりません。

ロコムーブ後に身体が軽くなったりラクに感じられるのは、そのような姿勢バランスがつくられるためです。

6章

身体が変われば、心が変わる！人生が変わる！

——快情動を呼び起こす身体動作のしくみ

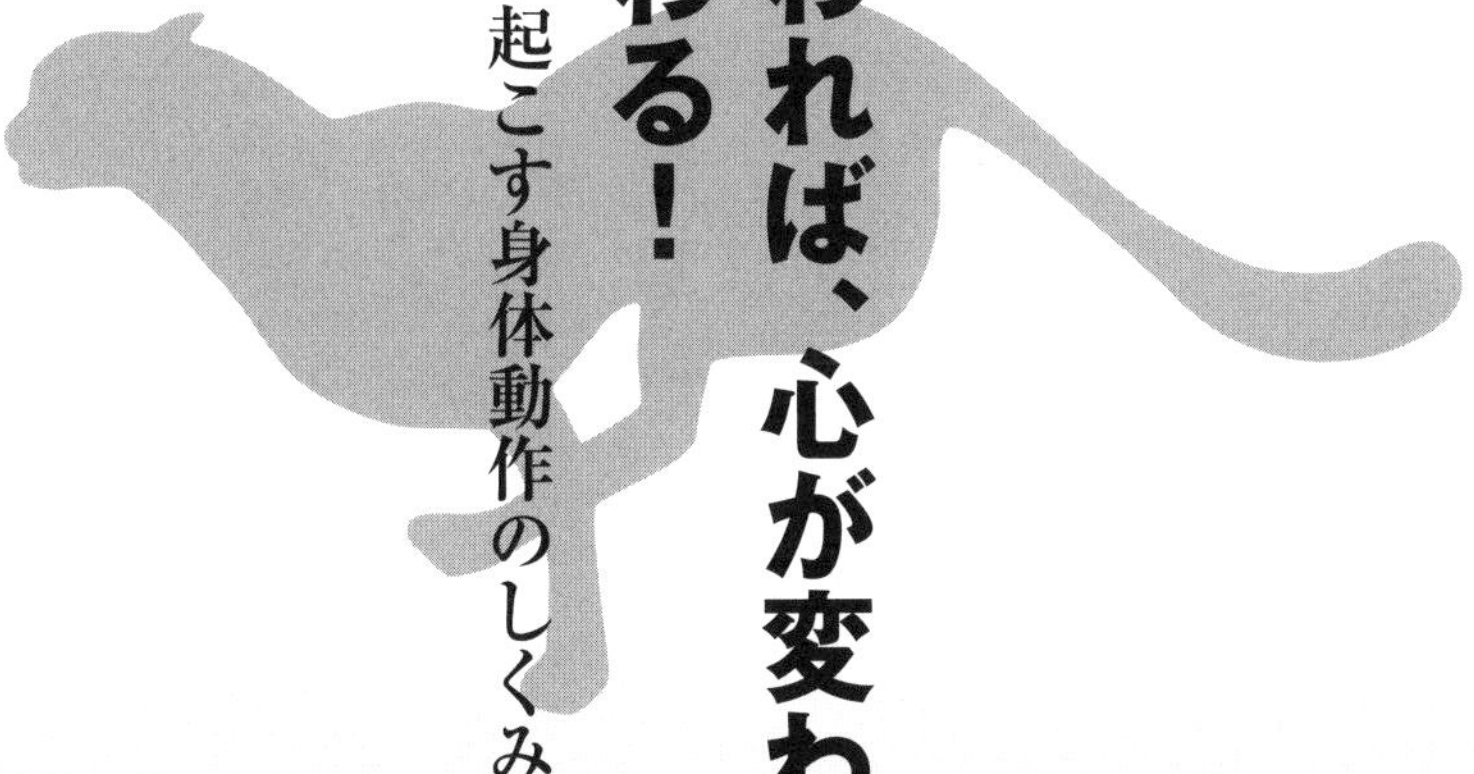

「伸筋が働く」と分泌されるホルモンとは？

2012年6月、アメリカのエイミー・カディという社会心理学者が、伸筋と屈筋の動きに関連して興味深い講演を行いました。

毎年、カリフォルニアで開催されるTED（テド／Technology Entertainment Design）という学術会議において、「ボディランゲージが人をつくる」というテーマで語ったものです。

それによると、姿勢や身振り手振りによってホルモン分泌が変化し、ストレス耐性が違ってくるというのです。

たとえば、同一人物が同じような環境に置かれていても、【胸を張っている状態でいると、積極性を引き出す】（過剰になると攻撃性も導き出す）テストステロンというホルモンが分泌されることがわかりました。

「伸筋」を使うと他者、社会との関係が変わる

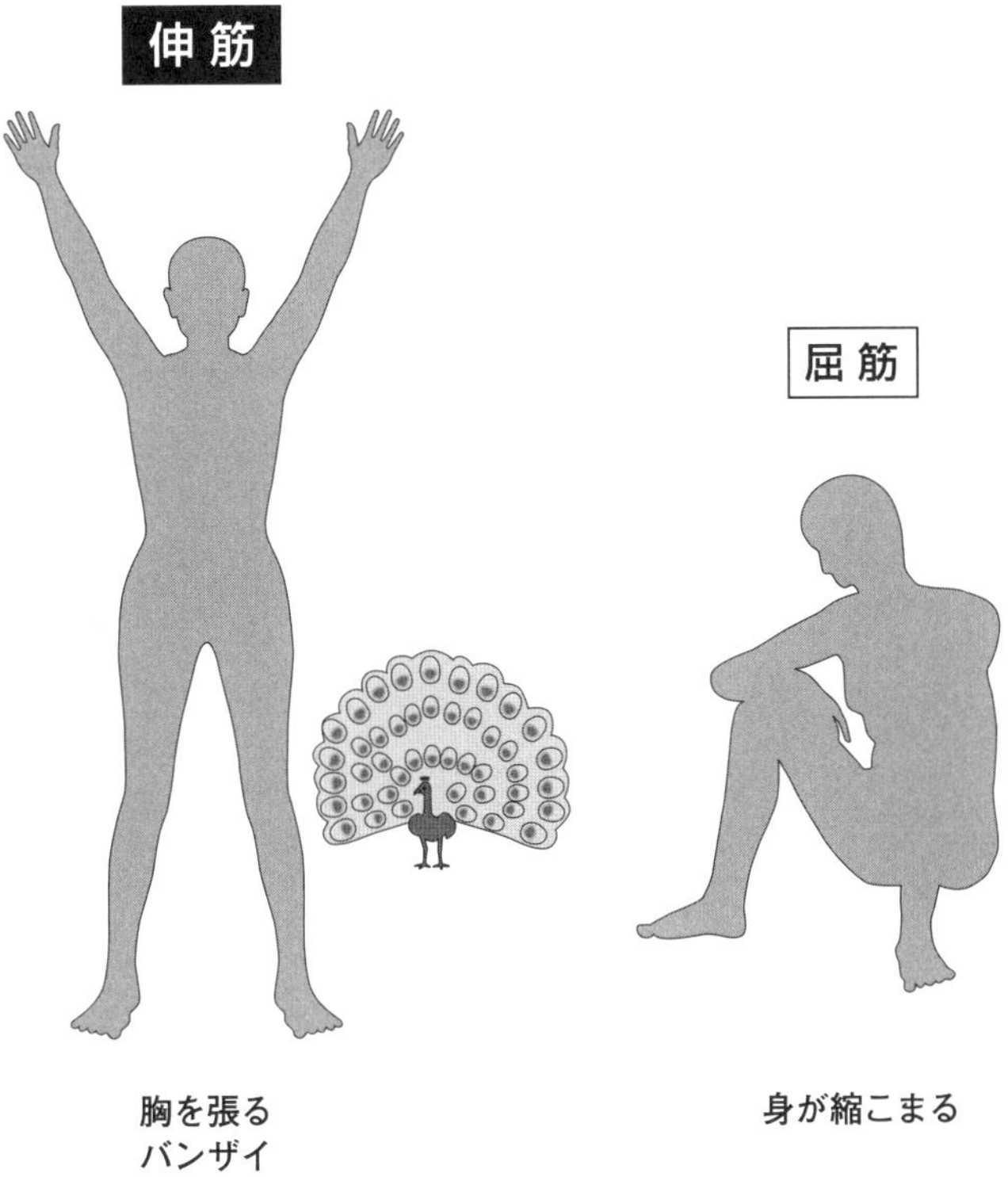

「伸筋」を主に使って背筋を伸ばし、胸を張ると、積極性や行動力を高めるホルモン「テストステロン」分泌、ストレスホルモン「コルチゾール」が減少して人生に積極的になり、社会性が高まりやすい確率が高まる。
一方、「屈筋」を主に使えば体が縮こまってねこ背となり、憂うつな感情を引き起こすホルモンが分泌される。

その一方で、ストレスがかかったときに分泌されるコルチゾールというホルモンの減少が確認されたのです。

そしてエイミー・カディ氏は、自信がないときでもあえて堂々としたポーズをとることによって、成功の可能性も増していくのだと結論づけました。つまり、体をコントロールすることで、心を変えることができるというわけです。

苦しみや悲しみというストレスがかかると、どうしても私たちは屈筋の働きが強くなり、体が縮こまって猫背になりがちです。

そして、姿勢が悪くなるとさらに心が暗くなり、憂うつになるという悪循環に陥ってしまいます。

しかし、そこで**あえて伸筋を働かせて胸を開くことによって、ストレスに耐える力が湧き、人生に積極的になれるのです。**

私はうつ病やうつ状態になってしまった人に対して、伸筋を活発にする動きを指導したことがあります。現在のようなしっかりとしたロコムーブのメソッドは確立していませんでしたが、姿勢がよくなるような動きを徐々に導入していったのです。

そうした方々は、それまであちこちの病院に行ったり、いろいろな薬を飲んだりしても、いっこうに状態が改善しませんでした。もちろん私は心理カウンセラーではありませんから、精神的な相談に乗ったわけではありません。

しかし、正しい身体の使い方をほんの少しずつ進めていくと、驚くことにうつ病から回復するケースがしばしば表れたのです。

以前は、こちらから話しかけてもほとんど答えてくれなかったような人が、まったく普通の状態と変わることなく積極的にしゃべるようになったのです。

このとき、私は体が心をコントロールするということを実感しました。しかも、伸筋を働かせることが重要だと理解したのです。

屈筋が強すぎると、心まで縮こまる不思議

「うれしい」「快適」と感じるときは伸筋がよく働き、「憂うつ」「不快」と感じる

ときには屈筋がよく働いているという研究結果は、すでに1980年代に発表されていました。

それに加えて、エイミー・カディ氏の研究によって、その逆もまた真であること——つまり、伸筋をよく働かせれば「うれしい」「快適」と感じるようになり、屈筋の働きが強ければ「憂うつ」「不快」になってしまうことがわかりました。

こうしたことは感覚的にはどなたも理解できるでしょう。つらいときでも背筋を伸ばせば、体の中から少しずつ元気が出てくるものです。逆にバンザイをした状態ではなかなか落ち込めないということも示しています。

具体的につらいことや悲しいことがなくても、前かがみの状態で一日いれば、誰でもうつうつとしてくるものです。すると、その体に合った感情を自分で勝手につくってしまいます。

「私が不快な状態なのは、あいつがイヤなことをいったからだ」「世の中のやつらはわかっていない」というように現在の身体の状態に合った解釈を始めてしまうのではないかと考えています。

いわゆるネット中毒という人たちの多くは、猫背になってパソコンやスマートフォンばかり見ているために、とくに理由もなくだんだん気分が滅入ってきて、ものごとを悪意に解釈していくのではないかと考えられます。

現代という時代は、パソコンやスマートフォンを使わざるを得ない環境だからこそ、ロコムーブで伸筋を鍛えておくことが大切なのです。

伸筋を鍛えておけば、無意識のうちに姿勢がよくなり、「うれしい」「快適」という感情がまさっていくからです。

伸筋を働かせることのメリットは、野生の動物がよく知っています。

とくに求愛行動において、**ゴリラは胸を精いっぱい広げますし、クジャクは羽をできるだけ大きく広げます。そうして伸筋を働かせることでホルモンを分泌させ、積極性を導き出しているわけです。**

ですから、私たち人間もそれに習えばいいのです。プレゼンテーションや就職面接のようなストレスのかかる場面を前にしたら、究極の伸筋活動動作であるロコムーブをおすすめします。

みんなの前でやるのが恥ずかしい方は、トイレのような人目につかないところでやっておくとよいでしょう。本番では積極性が発揮されて、間違いなく成功するはずです。

これらの実験が意義深いのは、「心→身体」という方向性ではなく、「身体→心」という関係性について一定の結果が得られたことです。私としても今の事業に新たな意義を強く感じることができた発表でした。

プラスの効果① 身体が軽くなって、歩くスピードが速くなる

以前に高校の野球部で体験講習をしたとき、終了後に選手が「考え方が変わった」「全然違う感覚だった」「人生が変わりそう」という内容を感想用紙にびっしりと書いてくれて感激しました。

監督さんからは、「興奮して今日は眠れそうにありません」といわれて、やはり

普段から体の動かし方を考えている人たちは、ロコムーブのメリットを具体的に理解してくれるのだなと感じ入った次第です。

一般の方々を対象にした指導で印象に残っているのは、屋外で歩行の実地講習をしたときのことです。

講習が終わって屋内会場に戻る際に、行きは一歩一歩ゆっくりと確かめるように歩いていた数名の方々が突然、速足で歩き出したかと思うと、そのまま走り始めてしまいました。しかも、結構速いのです。

ロコムーブによって、体が軽くなったのを実感したのでしょう。私自身もさまざまなトレーニングを体験してきましたが、終わった直後に「歩きやすくなった」と体感できるのは、ほかにはほとんどありません。

たった10分のロコムーブでも、よく出てくる感想は、

「足が勝手に動くようになった」

「重力を感じなくて軽く歩ける」

という感想です。

もともと、歩く動作も走る動作も、自分から意識的に関節を動かす必要はほとんどなく、重力が関節を動かしてくれるのです。

「右足を出したら次に左足を出す」などということを考えなくても、本来の位置に関節が置かれていれば、意識しなくても重力が動かしてくれるのです。

歩行トレーニングでありがちなのは、「胸を張って、足をこう出して、腕をこう振って」というものですが、そんなことをしなくても、ロコムーブをすれば自然に姿勢もよくなって足が出てくるのですから、歩いたり走ったりするのがどんどん楽しくなってくるでしょう。

プラスの効果②　立ち居振る舞いが変化し、仕事がうまくいく

ロコムーブに熟練してくると、立ち居振る舞いの一つひとつの動作にも変化が表れ、あなたに対する周囲の評価も変わってきます。

考えてもみてください。目の前に姿勢が悪くてお辞儀もまともにできない人と、背筋がピンと伸びてお辞儀がスムーズにできる人がいたとしたら、どちらに信頼感を抱くでしょうか。言うまでもないと思います。

実は、**股関節や背骨の可動域が小さくなると、お辞儀さえもうまくできなくなるのです**。深々と上半身を曲げることができず、頭をペコッと曲げる程度になってしまいます。

本人に悪気はなくても、相手がバカにされたと思うのも無理はありません。そんなことが重なれば、周囲から遠ざけられてしまうことでしょう。これはビジネスパーソンにとって致命的な問題です。

実際にロコムーブを実践した営業マンで、お客様に「姿勢がいいね」とほめられたと報告してくれた人がいます。あるいは、以前はなぜか気が合わなくて顔を見るのもイヤだった上司と、ずいぶん打ち解けて話せるようになったという人もいました。

おそらく、気が合わなかったわけではなく、その人の動作を見て上司はイライラしていたのかもしれません。

自分で自分の動作を見る機会はほとんどありません。顔と自分の立ち姿だけでしょう。しかし、異性同性を問わず人は無意識にお尻を見ているそうです。**後ろ姿や歩く姿を他人は注目しているのです**。

営業マンがお客様にたった一言でもほめられるだけで、とてつもない自信を得て成績が大幅にアップした報告をよく聞きます。


アスリートが大会に向けてトレーニングを積むように、ある営業マンは、大事なプレゼンテーションが近くなると、念入りにロコムーブを実践しているといいます。プレゼンの中身以上に、**スピーカーの体からにじみ出る自信や風格が、聴く人の心に大きく影響する**からです。

いくら素晴らしい話であっても、姿勢が悪く、いかにも自信なげに話していたら、誰も耳を傾けてはくれません。

プラスの効果③　背中から若返る

老化は、まず背中に表れることをご存じでしょうか。顔や脚からではありません。しかも、顔や脚は化粧品や栄養クリームなどでカバーすることができますが、背中に表れた老化はそれができないのです。

実際、異性同性を問わず他人が注目して見ているのは、お尻や後ろ姿なのです。現に、正面から見た姿は若々しくても、背中を見ると肩甲骨回りがのっぺりとして、残念ながら正面と後ろ姿のギャップに驚くことも少なくありません。

私たちは、どうしても直接見える部分にばかり目がいって、そこを鍛えようとします。

しかし、**美容、アンチエイジング、アスリートのパフォーマンス向上に共通して重要なポイントは、身体の後ろ側（背中側）にある筋肉——背筋、お尻、裏もも、**

内ももなどの筋肉なのです。ロコムーブでは、徹底してそうした伸筋の柔軟性と弾力性を高めていきます。

そして、何よりもアンチエイジングにとって大切なのは、曲がっていく関節や背骨を伸ばしていくことにあります。

プラスの効果④　お腹が凹む

世の中には、男女を問わず「お腹ポッコリ」に悩まされている人は相当数に上ります。

ところが、一生懸命に**腹筋運動をしても、一向にお腹はへこまない**でしょう。ためしにイスに座って背中を丸めてください。どうでしょうか。太っていない方でもお腹に脂肪が集まってポッコリしてきます。逆に、背筋を真っすぐ伸ばすと、お腹ポッコリはだいぶ減ったでしょう。

つまり、背中を丸めるようにする腹筋運動は、お腹をへこませる運動ではないのです。

お腹の回りにある腹筋は肋骨と骨盤を結ぶ筋肉です。当然、猫背になって、**肋骨と骨盤の距離が近くなると、誰でもおヘソ回りにお肉が集まってしまうのです。**

肋骨と骨盤の位置関係を変えてあげるだけで、お腹ポッコリは瞬時に解消します。

血圧も血糖値も正常なのに、腹囲だけが問題でメタボ検診に引っかかってしまう方は、ぜひ次回の健康診断までに一日5分、ロコムーブを継続してみてください。

おわりに

「逢《あ》うべき人には必ず逢える。しかも一瞬早すぎず、一瞬遅すぎない時に」という言葉がありますが、本書を書き終えて改めて痛感した次第です。

ロコムーブのメソッドはさまざまな人との出会いの中から生まれたものですが、とくに2人の人物との共同作業で開発したという思いが、私の心に強く刻まれています。

1人目は駒場久也という青年です。残念なことに、2006年の大晦日《おおみそか》、彼は19歳という若さでこの世を去ってしまいました。

彼は、私が以前勤務していたジムで担当していた高校の陸上選手でした。ところが、彼は心臓に持病を抱えており、たびたび発作が起きていたために、学校は万が一のことを考えて陸上部の退部を命じたのです。

しかし、退部を命じられても、彼からは走る情熱が消えることはなく、毎日放課後に私の勤務するジムにトレーニングにやってきました。

当初はリハビリ中心のトレーニングでしたが、順調に回復して発作も起きなくなり、徐々に通常のトレーニングに戻っていきました。私もいつしか彼の情熱に感化され、休みの日と始業前の早朝の時間を使って、個人的な練習パートナーとなったのです。

私たちは、「速く走るにはどうすべきか」をとことん追究していきました。

もちろん彼の競技力向上が目的ではありましたが、私が立てた仮説について試行錯誤する場でもありました。その仮説とは、私の現役時代での経験に加えて、ジムを訪れる超一流のアスリートや脳梗塞のリハビリに努める人たちのサポートを通じて身につけた知見をもとにしたものです。

彼は高校卒業後、理学療法士を目指して遠距離にある専門学校に進学しましたが、ジムに立ち寄ることは欠かしませんでした。

私が、「広背筋《こうはいきん》」にふと目をとめたのは、そんなある日のことです。

私のそれまでの陸上競技者としての経験、さまざまな競技で求められている動作、リハビリに必要なトレーニング、高齢者の機能改善などで得た知識の断片が、すべて「広背筋」という一つの筋肉に集約されていたことに気づいたのです。

それからは、彼と二人で試行錯誤と検証の日々がさらに続きました。なかなか思うようにいかず、ときには彼に厳しい言葉を浴びせたこともありました。それでも、ようやく私のイメージした通りの動きができるようになり、それまで検証してきたことの辻褄《つじつま》が合ってきました。そして、はっきりとした「気づき」が芽生えたのです。

「このメソッドを世の中に広めれば、速く走りたいアスリートにも、機能改善したい高齢者にも、さらには肩こりや腰痛をはじめとする不定愁訴で悩む人たちにも、大きな力となってくれるはずだ」

私たち2人が、手に手を取って喜びを分かち合ったのはいうまでもありません。

ところが、それからわずか3か月後、彼は帰らぬ人となってしまいました。その年末の寒い冬の日、持病の心臓病の発作で倒れ、運悪く後頭部を強打してしまったのです。

彼は12月31日に亡くなったのですが、その3日前まで、私たちはさらなる高みを目指して試行錯誤を続けていました。最後の答えに向けて没頭していた矢先の出来事でした。

ご家族の思いによって、彼の戒名に私の「輝」の一字を入れてくれました。「温順院久逸輝同居士」というのが彼の戒名です。

偶然にも「久逸輝」の【逸】という字の意味は「走る」ということだと、あとから聞きました。

現在は彼の遺志を引き継ぎたいという思いも込めて活動をしています。

本書でお伝えしたロコムーブのメソッドは、彼との共同作業で得た検証を契機とし、理論と実践の両面からわかりやすく体系化したものです。

2人目は弊社ロコムーブの共同創業者である高山純一です。

彼との出逢いは小学1年生のときからで、当然人生で最も長い時間一緒にいる人物です。

20歳のときに「30歳で一緒に何かできたらいいなぁ」と何気なく話した口約束が現実化し今に至ります。

彼は大学卒業後ニューヨークでＩＴビジネスを、私は鳥取のスポーツジムに就職しました。その間も肉筆の手紙で近況をやり取りしていました。私は30歳を前に退職して次の進路を模索し、一足先に帰国していた高山にいろいろと相談していました。そんなある日、逆に高山から深刻な悩みを打ち明けられました。

私は当時、身体と情動の関係性をテーマに研究していたので、身体からのアプローチで彼の悩みの解決の糸口になればと思い、彼にロコムーブのメソッドを試してほしいと願い出ました。

ある意味、初めてのお客様が高山でした。

そして毎朝、早朝代々木公園でトレーニングに取り組む日々が始まりました。姿勢や表情の変化、高山本来の積極性が出てきたある日、彼から「このメソッドを事業化しよう」という提案がありました。
私もいつかはという気持ちはありましたが、そのとき起業するとは夢にも思っていませんでした。しかし、「彼とならという思いから起業を決意しました。結果として30歳のときにロコムーブを共同創業するに至りました。
身体や動作のことはあまり学校教育で行われないため、一般の方に事業内容とメソッドを理解していただくことが非常に難しいのですが、ＩＴを駆使しながら、ビジュアル化してくれているのが高山なのです。彼の働きのおかげで、多くの方々にロコムーブのメソッドを伝える機会を得ました。今後も運動と情報技術が融合する可能性を追求していきたいと思っています。

最後に、本書を志なかばにして倒れた駒場久也君に捧げるとともに、このメソッドの構築に至るまで有形・無形の協力をいただいた皆様に深く御礼を申し上げます。

中嶋輝彦

「ロコムーブ」について詳しくお知りになりたい方へ

業務責任者 高山純一

【提供中のサービス】

企業向けには、まず身体の不調を解消することを最優先とした「福利厚生プログラム」として慢性的な肩こり、腰痛の解消や姿勢改善の講習を実施しています。また、高度なスキルを持った社員の方々が１年でも長く勤務できるよう、職業寿命を延ばす身体作りをサポートしています。個人向けには、短期間で姿勢のシルエットを変え、颯爽と歩けるようになるプログラムを提供しています。

【展望】

弊社の役割は、皆様を身体のストレスから解放し、心身ともに活発に生活していただける土台を作ることだと考えています。本書のメソッドはそのための一つの伝達手段であり、今後は運動機器やシューズのような身近な商品を通して新しい体感を提供し、その役割を果たしていきたいと思います。

【次世代のラジオ体操を作りたい】

以前指導していたサッカー部の高校生が、ご自宅で親御さんと一緒に取り組んでいたり、またあるときは社内で行われていたラジオ体操の中にロコムーブの動きをオリジナルで組みこんでいたことを社員の方からお聞きしました。それらの光景を目の当たりにし、私達は新しく「ラジオ体操」を作り、お年寄りから次世代の子供まで愛されるようなプログラムを手がけていきたいと考えています。

「フェニックス」「カンガルー」「チーター」の動画プレゼント

本書で紹介した３つの種目（フェニックス、カンガルー、チーター）の動画を以下のサイトからご覧いただけます。ぜひ、毎日継続していただき、ウォーキングやスポーツを始めるきっかけになればこれほど嬉しいことはありません。

特設動画ページ：
http://vimeopro.com/locomove/animal /

公式サイト：
http://www.locomove.com

※弊社では現在、運動機器や靴の企画、製造、およびラジオ体操プログラムの制作に関わるパートナーを募集しています。partner@locomove.com

※また、企業研修、講演、および指導のご相談、ご依頼は info@locomove.com

著者紹介

中嶋輝彦 ㈱ロコムーブ創業者。法政大学を卒業後、トレーニング施設「ワールドウイングエンタープライズ」に入社。2011年に小学生以来の友人、高山純一と共にロコムーブを創業。野生動物の動きや骨格からヒントを得て、アスリートの競技力向上から高齢者のリハビリまで貢献するロコムーブ・メソッドを開発。短時間で肩こり・姿勢・歩行を改善するメソッドはビジネスマンだけでなく第一線のアスリートを驚嘆させている。2012年は、敦賀市教育委員会より優秀指導者として招聘され、のべ10競技以上のアスリートに身体の使い方を指導。現在、本メソッドは医療の現場でも導入され、理学療法士を始めとしたコメディカルスタッフに健康事業プログラムを提供。2012年日経ビジネス誌にて「日本を救う次世代ベンチャー100」の1社に選ばれた。

ホームページ：http://www.locomove.com

「動《うご》ける身体《からだ》」を一瞬《いっしゅん》で手《て》に入《い》れる本《ほん》

2013年10月5日　第1刷

著　者　中《なか》嶋《じま》輝《てる》彦《ひこ》

発行者　小澤源太郎

責任編集　株式会社プライム涌光

電話　編集部　03(3203)2850

発行所　株式会社青春出版社

東京都新宿区若松町12番1号〒162-0056
振替番号　00190-7-98602
電話　営業部　03(3207)1916

印刷　図書印刷株式会社　　製本　大口製本

万一、落丁、乱丁がありました節は、お取りかえします。

ISBN978-4-413-03896-6 C0075

まだ見えなくてもあなたの道は必ずある
世界にたったひとりの自分へ
古木涼子

「いい人生だった」と言える10の習慣
人生の後半をどう生きるか
大津秀一

女を上げる英会話
好かれる人、愛される人、品のいい人はこう話す
田村明子

危ない食品に負けない食事法
体から毒を消す「日本型食生活」のコツ
増尾　清

捨て犬〈未来〉に教わった27の大切なこと
人が忘れかけていた信じること、生きること、愛すること
今西乃子

青春出版社の四六判シリーズ

心の支えを失ったあなたへ
植西　聰

「人に頼りたくない」のも「弱みを見せたくない」のもあなたが人を信じていないからだ
小倉　広

仕事のアイデアはみんなドラえもんが教えてくれた
渡邊健太郎

ゆったり生きる「踊り場」の見つけ方
枡野俊明

「女性ホルモン力」がアップする食べ方があった！
女の不調に効く栄養セラピー
定真理子　北野原正高

お願い　ページわりの関係からここでは一部の既刊本しか掲載してありません。
折り込みの出版案内もご参考にご覧ください。